传承与感悟
理性与感性之探讨

◎作者 张小南

ASIAN CULTURE
PRESS

书名:《传承与感悟》

著者: 张小南

平装本 ISBN: 978-1-957144-99-3

出版日期: 2024 年 9 月第一版

字数: 98 千字

定价: $15.99 美元

版式及封面设计: Asian Culture Press LLC

文字校对: Janvi

出版与分发机构:

Asian Culture Press LLC

1942 Broadway St., Suite 314c,

Boulder, CO 80302,

United States

关于复制本书节选的许可信息，请联系 Asian Culture Press LLC，地址: 1942 Broadway St., Suite 314c, Boulder, CO 80302, United States，网址: www.asianculture.press

这是一本中文回忆录。书中涉及的名称、人物、地点和事件如有雷同，纯属巧合。

如需版权许可，请直接联系作者: xzhang888@gmail.com。

本书印刷于美国。

献给亲爱的父母
感谢他们的养育之恩和
表达儿子的怀念之情

前　言

　　人生是一场修行，父母是孩子的老师，对儿女的成长起着关键作用。退休后，我有了时间回首往事，对父母给予的家教颇有感悟。所谓传承，父母传，儿女承。于是，我决定写下这本回忆录，名为《传承与感悟》。随着年龄的增长，我愈加认识到家教的重要性，认为应该分享出来使更多的人受益，相信这也是对他们的最好纪念。

　　父母给予我的家教既有理性的方面，也有感性的方面。现代教育偏重理性，常常忽略和排斥感性教育。其实，感性教育非常重要，理性与感性的平衡是健全人格的根本。感性教育不仅影响个人，还会影响家庭与社会。无论是作为一个普通人，还是成为一名高手，好的感觉都是不可或缺的。在这本书中，我将尝试从不同方面探讨感性学习在生活、学习、工作、体育和音乐等各个领域的重要性。这里关于直觉、身觉和心觉的讨论仅仅是冰山一角。

本书分为六个篇章。第一篇《家庭传承》介绍我的家庭背景与传承，通过我自身的成长经历，探讨家教中的理性与感性两个方面，特别强调感性教育的重要性。《成长往事》分享了我的成长过程，回忆了"文革"、下放、知青和1977年高考。《工作与直觉》介绍了我在学习与工作中的心路历程，重点探讨了方法和直觉的重要性，并讨论了对"钱学森之问"的思考。《健身与身觉》分享了我多年来健身和习练太极拳的体会，提出了一个新的概念——身觉，并初步探讨了身觉提高在运动与健身中的重要性，以及我对身觉教育的一些想法。《人生与心觉》进一步讨论感性人生，特别探讨了心觉的重要性。《音乐人生》介绍了我的音乐实践与体会，强调了学习表演的重要性，举例说明感性教育在音乐教育中普遍缺失。

2024 年春季于美国南加州圣地亚哥

目 录

工作与直觉　　　　　　　　　　　　　099

音乐人生   233

家庭传承

我是吉林省长春市人，家中有四口人：父亲、母亲、我和妹妹。我在长春长大，直到去北京上大学。与大多数人不同的是，我有一位知名教授的父亲。作为家里的长子，我常常代表家庭对外应酬，并且喜欢听大人们唠嗑，耳濡目染学到了不少东西。一直以来，我很少谈及我所受的家庭教育。然而，随着年龄的增长，我逐渐意识到家庭教育的重要性。下面就来介绍一下我的家庭，家教的故事，还有我对理性与感性家教的感悟。

农村出来的留德博士

我的家族故事追溯到清朝末年。1905 年 3 月 18 日，我的爷爷张学专在山东省胶东半岛上的黄县文基乡大张家村迎来了他们长子诞生，这位长子就是我的父亲。他的名字——德馨，取自刘禹锡的《陋室铭》。他六岁开始读私塾，十三岁（估计是虚岁）系统地学完后，爷爷才送他去镇上读洋小学。因为要离开家里去读书，奶奶才给他缝了一条褥子，在那之前他都是光身睡在炕席上。家境的困难让他明白读书的不易，因此他学习格外刻苦，成绩一直名列前茅。中学毕业后，通过多方借钱他才得以去北京读书，考入北京盐务专门学校。

选择盐务专门学校是出于经济原因。如果上清华则需要六年才能毕业，还要自己找工作。对于那段历史人们知之甚少，当时国家用关税来抵押战争赔款，海关由外国人监管。盐务专门学校是为他们的盐务稽核所提供人才，四年毕业后保证工作。考入盐务专门学校在当时是相当不容易的，除中文一科之外，其余科目都是英语试卷。来到北京之前，有一位同学答应借 100 大洋给他，结果第二年这位同学就改变了主意，因为来北京之前这位同学以为 600 大洋一年绝对花不完，结果到了北京，灯红酒绿，500 大洋还不够用。我的父亲不得不寻找半工半读的机会，正巧那时山东商会在北京的中学需要一位兼任数学老师，这样才得以继续读书。

因为喜爱数学，两年后他又考入北京师范大学数学系，同时就读两所学校。1929 年，他同时毕业于盐务专门学校和北师大，并在济南找到一份海关工作，月入一百多大洋，过上了相当优越的生活。那时的工作非常轻松，每天上班喝茶看报纸，偶尔在文件上盖个章。但是他坚信中国要富强必须向西方学习，不甘于优越平庸的生活，第二年就开始筹集自费留学经费。当时黄县人有很多人在东北开餐馆，他就专程去东北向同乡们筹集留学经费。一年后终于筹足三千大洋，刚刚好够一年留学费用。经过一番仔细调研，他决定去当时科技最为先进的德国学习。1931 年 8 月 17 日，他如愿以偿地坐火车经过西伯利亚抵达德国柏林。

刚到德国，九一八事变发生，日本侵占东北，他和温朋久（1905—2004年）、刘文华（1912—1942）等人成立了"华北救亡会"，积极组织抗日活动，后来又一起加入《旅德抗日救国联合会》，简称《抗联会》。

温朋久是新中国第一任驻日内瓦总领事，温家宝的叔公。刘文华原本学习水利，1938年回国参加抗日，做过朱德的秘书，牺牲在抗日前线。当时《抗联会》的同学中不乏后来的许多名人，北京大学党委书记、兰州大学校长江隆基，外交部长乔冠华等等，他们都是共产党员。

"文革"中他被隔离审查近三个月，交代在德国时为什么不加入共产党，他说准备博士考试太忙，没有时间参加活动。我想他是受爷爷影响，把学到真材实学作为首要，坚定不移地奉行着科学救国这一理念。他曾经说过在德国时看到马车夫等客人时在看报纸感触特别大，那个年代在中国别说马车夫不识字，就是识字的人也没有几个看报纸的，因此他下定决心要回国普及教育。

日本侵占东北之后，原来答应支持他留学的乡亲们生意受到严重影响，来信告诉他无法继续支持他的学业。他赶紧向山东省政府申请奖学金，同时认真学习德文，做好最坏的打算：如果不能继续留学，还可以回国做个德语老师。好在山东省教育厅最终同意拨给他一年一千五百大洋的半奖学金，这样他才得以完成了留德六

张德馨 1937 年在德国

年的学习。记得曾经问过他那个时候有机会去听音乐会吗，他异样地看了我一眼，说没有钱去听音乐会。

我的父亲以优异成绩在语言学校提前毕业后，于1932 年 4 月 13 日入读柏林大学数学系，导师是当时德国最著名的数学家之一 I·舒尔（Issai Schur）教授。舒尔教授在群论和数论上都很有建树，以"舒尔函数"和"舒尔定理"而闻名。1933 年，纳粹希特勒上台，身为犹太人的舒尔教授遭遇迫害，还好在舒尔教授被驱逐出德国之前，他顺利地通过了博士口试。三位口试教授中一位是舒尔教授，另一位数学教授是 Erhart Schmidt（鄂尔哈特·施密特），数学大师 David Hilbert（戴维·希尔伯特）的得意门生，还有一位副科的物理教授。1937 年 7 月，他顺利完成博士论文，成为第一位在柏林大学获得数学博士学位的中国人。

回国之前，父亲联系了杨武之教授，杨教授推荐他去北平师范学院，受聘为正教授，月薪 320 大洋。杨武之就是杨振宁的父亲，1934 年他在柏林大学研究数学一年，因此两人相当熟悉，后来一直都有书信往来。

接下来他开始了计划已久的欧洲考察之旅。刚到荷兰，他就在当地报纸上看到了七七事变的报道，虽然不会荷兰文，但由于荷兰文与德文和英文很相近，他看懂了。怀着对祖国的热爱，他立即终止了考察计划，返回德国准备启程回国。

8 月 2 日父亲和太太还有一个女儿一个儿子离开德国，经意大利威尼斯坐船到上海，行至印度洋时从无线电获知八一三淞沪抗战，轮船无法到达上海，他们只好在香港转乘帆船到青岛。由于行李托运到上海，所有行李都丢失了，包括全部学习笔记和许多珍贵绝版书籍。每次提及此事时，他总是那么惋惜。好在他有着惊人的记忆力，讲课时全凭记忆。

就是这样冒着战火硝烟回到了阔别六年的祖国，然后立即就投入到了敌后的教育工作当中。抗战爆发后沦陷区 90% 的高级知识分子和 37 所高校都转移到了大后方，在老家的报纸上看到北平师范学院已经迁至西安，他立即启程前往西安报到。战时的西北生活条件非常艰苦，就是在这样的情况之下，他在那里教书育人达 9 年之久。

当时有"三坝大学"之说，一个是在成都华西坝，教会学校条件最好，被称为天堂；一个是中央大学所在地重庆沙坪坝，环境较为清苦，被叫做人间；再一个是陕西城固山沟中的古路坝，生活艰苦，被比喻为地狱。1941 年，他任数学系主任。1942 年秋，他随同校长李蒸和其他几位老师带领一部分学生开始了迁往兰州的艰苦行程。他们从城固出发，经汉中、褒城，抵达石门后进入山区，又经庙台子、凤凰岭、双石铺、徽县，再经过甘肃的江洛镇、兴隆镇、天水、通渭、华家岭山脉、定西，最终抵达兰州。兰州的生活同样艰辛，全校师生用水仅靠两头毛驴从黄河里驮来，他曾经告诉我，打来的水放一晚后才能饮用，因为下面沉淀着多半桶的泥沙。

这一期间，父亲经历了一件最为伤心的事情，我是从大姑姑那儿听来的。去西安大学任教的时候，由于当时局势不稳，只好暂时将两个年幼的孩子留在老家。没想到不久后，日军占领了山东，与老家失去了联系，也无法将孩子接出。结果，两个孩子不幸相继得病去世。

虽然西北联大的存在时间较短，没有西南联大那么有名，但不同于西南联大的三所大学战后全部回归北方，西北联大所属的大学在战后没有全部回归，而是在西北留下了五所学校：西北大学、西北工学院、西北医学院、西北农学院和西北师范学院。这些学校为西北的高等教育奠定了坚实基础，为大西北建设打下了教育根基，也为西部开发积蓄了宝贵的人力资源。

1946 年，父亲离开兰州，被国民政府派去东北接收伪满长春大学，先任教务长，后任代理校长。1948 年 6 月，长春已被围城多日，痛恨国民党的腐败统治，他决定投奔解放区。6 月 3 日，他和大姑父吴子义一起乔装成商人，冒着生命危险离开长春。先是随一个商队伴装向南去蒋管区沈阳，抵达公主岭后才设法脱离商队，几经周折，风餐露宿，最终抵达吉林市。8 月，他们抵达哈尔滨，受到东北人民政府林枫主席的热烈欢迎。在三百多人的欢迎晚会上，他们吃西餐，还有白俄的乐队和舞蹈表演。林枫主席发表讲话，热诚欢迎各界专家学者共同建设新东北、新中国。解放区的《东北日报》对此做了头版报道。父亲成为投奔解放区的第一位大学校长，为知识分子参与新中国建设树立了典范，也为大学生投奔解放区起到了积极的带头作用。

1948 年 9 月初，父亲被任命为东北大学副校长，毛泽东亲笔签署了委任状。这份委任状在"文革"抄家时被翻了出来，我第一次看到上面刚劲流畅的毛笔签字，旁边还有一个相当气派的足有 8 公分见方的大红印章。因为国民政府的委任状是由蒋介石签署的，所以当时父亲提出了请毛泽东签发委任状的愿望。转达给毛主席之后，毛主席欣然应允。非常可惜的是，这本委任状后来不知去向。

1949 年 9 月 21 日，父亲又以无党派身份应邀出席中国人民政治协商会议第一届全体会议，来自全国各行业的六百余名代表与党和国家领导人共同商议建国大计。会上，父亲第一次见到周恩来。自报名字后，周总理立即说道："哦，你就是长春起义的张德馨啊！"据说周总理会前认真阅读了所有与会者的简历，并且记住了每一个人的名字。10 月 1 日，父亲随同毛泽东和其他国家领导人以及所有政协委员代表们一起在天安门城楼上参加了开国大典，见证了中国历史上的这一重要时刻。

"老先生"爷爷

　　父亲去世后，在整理书籍时，我才看到 1987 年由山东龙口市文基乡政府编撰的《文基乡志》。书中用大量篇幅记载了爷爷张学专的事迹，使我为有这样一个爷爷倍感骄傲，也明白了父亲的成就与爷爷的家教是分不开的。"老先生"名字的来历，据《文基乡志》记载："绅士张学专，热爱祖国，自费办学"，对文基乡教育事业的发展，为家乡造就人才起到了积极的作用。

　　张学专生于清末帝国主义瓜分中国的时代，他认为中国受欺侮，被侵略，矮人一等的原因之一就是国人文化低，知识少，科学落后。为了发展家乡的文化教育事业，他自强不息。清末开始便自设私塾亲任塾师，至辛亥革命时，入塾学童便发展到三十多人。1918 年（民国七年），他适应新的形势，废私塾，办学堂，自备校舍，

老先生张学专（1887-1964）

广招学生，凡本村和邻村儿童，不论穷富皆可报名就读。课本亦由私塾时期的《三字经》《百家姓》《四书》《五经》等改为全国统一的国文、算术、常识等。他自任教师，分班施教，终日不歇。因而使学校在当地颇有影响，被当时的县政府备案为初级国民小学。

时代在前进，事业在发展。1923年（民国十二年），他又腾出自家的一栋房子增办女校，亲自宣传鼓动促使女孩子上学。这一年虽仅招收十多名女生，但开创了文基乡女子上学的先例。后来，男女生逐年增加，校舍教师不足。他又用自己的房子和土地换了三栋连在一起的瓦房，改作教室，并从石良集聘请了一位教师，还通过募捐购置了一些桌凳，至此学校初具规模，闻名乡里。但这位聘请的教师不久即因经费困难而辞退，此后便采用"小先生"代课的方法为学生上课。具体做法是，选取学习成绩好的毕业生或在校的高年级学生，由他帮助备课，经过试讲分班施教，从而解决了无钱聘请教师的困难，此法一直沿用到抗日战争初期。因为有了"小先生"，张学专遂理所当然地被尊为"老先生"。

1932年（民国二十一年），根据形势的发展，他又在国民小学的基础上自费购置了两栋瓦房，增建两栋厢房，聘请了中学毕业的张俭堂，创办了高小班，被当时的县政府备案为"黄县县立第五高级小学"。

爷爷的课讲得怎样我不知道，只是经常听到叔叔阿姨们说父亲的课讲得非常好，这与他从小就给爷讲课有着密切关系。据父亲说，爷爷原本不会数学，父亲出去上学之后，每次回家都要给爷爷讲课，爷爷再把课本抄下来转教给村里的孩子们。奶奶去世后，爷爷从老家来到长春，可惜那时他已经老了，我没有从他那里学到很多东西。记得最后一次去请教他"伞"字怎么写，他写给我的是繁体字，后来我就再也没去问过他。

爷爷身高在一米八以上，身板笔直，很有威严，我的小朋友们都有点怕他。1964年秋天的一天早上，爷爷没有起床，喊他吃饭时才发现他已经去世了。头天晚上他还挺好的。我挤到床前看了他最后一眼，仰面躺在床上的爷爷像是在安详地睡觉，一点没遭罪。

1955 年爷爷张学专（前右二）奶奶张曹氏（前左二）与长子
张德馨（后右一）长媳洪梦南（前右一）长女张德芬（前左一）
长女婿吴子义（后右二）还有四个外孙一个外孙女合影

这张照片是爷爷奶奶从老家来长春时拍的，那时我还没有出生。2008 年，我终于抽出时间和太太一起第一次回老家寻根。爷爷奶奶的坟墓在南山上的梨园中，他们颇受乡亲们的爱戴与敬重，每年都有乡亲去上坟，四十多年的风风雨雨中依然保存良好。乡亲们见到我们格外亲切，吃惊地发现我能听懂他们的乡音，齐声建议应该给爷爷奶奶立个墓碑，让后人永远记得他们的功德。2013 年冬天，我回老家主持了爷爷奶奶的立碑仪式，以示晚辈们对他们的缅怀和纪念。这次回老家收获颇多，特别高兴的是获赠了一本《张氏族谱》。

现如今，中国已经从农业国家成功转型为工业大国，这个奇迹与教育普及工作密切相关。一百年来，不仅消灭了文盲，更重要的是引入了理科教育。自 20 世纪初起，自上而下和自下而上纷纷兴起教育改革，"科学救国"是当时的主流思想。爷爷和父亲都是这一思想的忠实信奉者，并在这场改革中身体力行，做出了突出的贡献。20世纪前半叶，理科师资极其稀缺，绝大多数大学生是文科生，师范学校少之又少。到了 1974 年我下乡时，公社中学的老师都是东北师大数学系毕业的。现在工业生产所需的大量人才，正是来自前几代人的艰苦奋斗和无私奉献。

数学教授父亲

中华人民共和国成立之后，父亲担任了吉林省政协副主席、全国人大代表、全国政协委员、东北师范大学副校长（1950-1983）、长春市副市长（1956-1966），主管文教工作。在抗美援朝期间，他担任长春市保卫世界和平大会主席。1953年秋天，他任第三届赴朝慰问团东北大区第七分团副团长，与团长贺龙元帅一起前往朝鲜慰问志愿军，历时两个月之久。1956年，中国共产党提出"百花齐放、百家争鸣"的方针，他应邀在全国人大做了《为国家培养更多的人才》的发言。6月29日，《人民日报》发表了发言全文，7月11日，北京大学校长马寅初在《人民日报》上发表《我也来谈谈百家争鸣》，文中点名支持他的建议。

繁忙的行政工作并没有使他停止学术研究。1958年，他的专著《整数论》由人民教育出版社出版，全部稿费捐献给了东北师范大学。最后一篇数论文章发表在 1979 年的《科学通报》上。他曾多次说过他喜欢上课，"文革"之前还在教微积分、数论和群论。五十多年的教书生涯桃李满天下，1990 年受到国家教委特别表彰，赠送一帧大理石荣誉奖牌，上面有浮雕"马到成功"，镌刻"老骥伏枥、志在千里、桃李不言、下自成蹊"。

虽然身为数学教授，他却非常重视语文学习，特别是在表述准确性方面。他曾去听过一个学生的课，课后指出了 13 个表达错误。除了重视语文之外，他还特别重视外语学习，精通英语和德语，还懂法语和俄语。留学德国时，他甚至可以为柏林人翻译外地德国人的讲话。他的博士考试是口试，施密特教授的德语口音非常重连德国人有时都听不懂，但他却一点问题都没有，顺利通过了考试。他骄傲地告诉我，他的论文导师连一个标点符号都没有改动。这些都说明了他对语言的重视，以及对待数学的严谨态度。平时说话思路不清或者逻辑混乱时，他都会指出来，这些都是做学问的基本精神。虽然他没有教我数学，但这些指点对我有着巨大的帮助。

1958 年，全国人大讨论《汉语拼音方案》，看到方案后，父亲提出了意见。争论到最后，方案组把周总理请来亲自聆听他的建议。简单地说，他认为 Bo Po Mo Fo

可以拼成 Be Pe Me Fe，这样的话韵母 O 则可以替代韵母 Ou。例如，狗的拼音是 go 而不是 gou。方案组认为佛的发音是 Fo，而不是 Fe。De Te Ne Le 用 e，为什么 bo po mo fo 要用 o 呢？北方人的他听不出来 Fo 与 Fe 的区别，认为没有必要做这个区分。虽然建议最终没有被采纳，《人民日报》1958 年 2 月 18 日还是全文发表了他的建议，标题为《对拼音方案提一个小的修正意见》。我倒是觉得这个建议蛮有道理，拼音方案仅仅是更换了注音写法。

父亲个子中等，浓黑的毛下有一双炯炯有神的大眼睛，中气十足的讲话声中带着胶东口音。他的衣服总是很整洁，头发梳得整整齐齐，胡子刮得干干净净。他习惯倒背手走路，笔直的身板看上去非常精神。他要求我坐有坐相、站有站相、待人接物要有规矩。可以想象，从乡下到北京读书，后来又去德国留学，虽然他穷，但是不会不修边幅，更不会怕被别人瞧不起。他身上透着一股自信与正气，不言自威，平易近人，没有架子。

他勤俭节约，用的自来水笔是一元钱的，图章是一块普通石头，每次香皂快用完时都会把剩余的香皂片仔细地贴在新的香皂上。虽然一级教授的工资是普通员工的十多倍，但是家里没有任何值钱的古董。他曾经不屑地对我说："收藏是纨绔子弟的玩意儿。"他思想开放，向往新事物、新思想、新文化。辛亥革命后，他是村里第一个剪下辫子的人；大学时，他是学生会主席，积极参加新文化学生运动；留学时，他积极参加抗日救国运动。五十多岁的时候，在母亲的影响下，他还认真地学会了滑冰。

1991 年春节前夕，突然收到家人电话，父亲病重，医生嘱咐准备后事。这是九年来我们第一次回家探亲。他依然住在下放回来时的宿舍里，办公桌上堆积着一大沓没有审阅完的文件，其中有很多三峡大坝的技术可行性报告。已经 86 岁高龄的老父亲还在认真工作，每年他都积极提出多项人大议案和政协提案。他是少数的全国两会代表，既是全国人大代表又是全国政协委员。我们到家后，他非常高兴，病情随即有了奇迹般地好转，大年三十那天竟然出院了。晚上看着两个孙子在眼前跑来跑去，他格外地开心，拿起心爱的京胡拉了起来。晚饭已经做好，他还在那里兴致勃勃地拉着。

次年 3 月，父亲参加了七届五次全国人大会议，之

1991 年大年三十晚上父亲在拉琴

后来信告诉我他投了三峡工程的赞成票。当时以为他身体恢复得很好，没有想到 10 月份父亲去世，我这个不孝的儿子没能及时赶回照顾老父亲最后一程。《人民日报》刊登了讣告：

张德馨教授逝世：

＊新华社长春 10 月 30 日电，七届全国人大代表、吉林省政协副主席、原东北师范大学副校长张德馨教授，因肝硬化晚期抢救无效，于 1992 年 10 月 25 日逝世，享年 88 岁。张德馨是山东黄县人。早年就读于北京师范大学数学系，1931 年赴德国留学，1937 年于柏林大学获数

学博士学位。学成回国，先后任教于西北联合大学、西北师范学院，1947 年任长春大学代理校长。1949 年 9 月，张德馨被任命为东北大学副校长。历任全国第 1、2、3、5、6、7 届人大代表。＊

写到这里，让我们重新温习一下刘禹锡的《陋室铭》：

山不在高，有仙则名。

水不在深，有龙则灵。

斯是陋室，惟吾德馨。

苔痕上阶绿，草色入帘青。

谈笑有鸿儒，往来无白丁。

可以调素琴，阅金经。

无丝竹之乱耳，无案牍之劳形。

南阳诸葛庐，西蜀子云亭。

孔子云：何陋之有？

斯是陋室，惟吾德馨，居所简陋，有"德"而"馨"，声名远播，金石记之。这不正是父亲一生的写照吗？

儿时的周末

　　小时候，总是向往着周末的时光，那时还只有星期日休息。记忆深刻的一个周末是我平生第一次坐火车。每次父亲去北京开会都走火车站的特别通道，送行时可以登上火车，看看这里，摸摸那里开车前才恋恋不舍地下车。知道我喜欢火车，所以在一个星期天早晨，他突然提议要带我去坐火车，我高兴得跳了起来。

　　我们坐有轨电车来到火车站后，买了从长春去哈尔滨方向的第一站——小南站的普通票。火车上非常拥挤，我们被挤在两节车厢的连接处，无法看到车外的景色。巨大的响声让我有点害怕，但是牵着他那温暖的大手，我就一点也不怕了。很快地，我们就到站了。挤下车后，他指着站牌告诉我，这是同我名字一样的车站。然后我们又搭乘公交汽车回到火车站，再从那里转乘有轨电车回家。虽然这次坐火车没有座位，也没有看到外面的景色，还那么拥挤，但却是我儿时最幸福的一天。

虽然父亲工作非常忙，但他周末时总是尽量带我一起活动。其中一个活动是洗澡，我们会坐有轨电车去城里的公共浴池。那里比家附近的澡堂高级，洗完后有地方躺下休息，还能泡上一壶热茶享用。我清楚地记得，父亲教我如何洗澡：先在热水池中把身体泡好，然后出来把毛巾拧干后包在一只手上搓，再换另一只手搓，最后才相互搓背，并用肥皂清洗干净。休息时，父亲常会同熟人们打招呼拉家常，而我则跟在一旁听着各种各样的逸闻趣事。

有一次，我们遇见一位没有生殖器的老人，回家的路上，父亲认真地解释说那位老人曾经是伪满时期皇宫里的太监，并详细讲述了太监的历史背景。每当遇到不认识的人时，父亲都会把我介绍给他们，回来的路上还会讲述这些人的故事。我学到了许多知识，还学会了记住人们的名字，下次见面时可以大方地问候他们。

周末的另一项活动是理发，同洗澡一样我们是去城里的一家理发店。每次父亲都找吴师傅，过年的时候还会送好酒好烟给他。我好奇地问为什么只找吴师傅，父亲的回答非常有趣：别人吹的发型两三天后就乱了，而吴师傅吹的发型可以保持五六天。没想到一手拿着湿手巾一手拿着吹风机，简单的动作当中竟然也有功夫，真的是高手在民间。吴师傅人很幽默，常常开玩笑讲笑话。有一次，他突然停下来点着我的头说道："你真的是你爸的儿子！你看这里的头发走向跟你爸的一模一样！"这是我头一次听说头发还有走向，原来头发不是垂直长出来的。

从小到大，不管走到哪里，人们都知道我爸是谁。面对这个巨大压力，我只好以高标准来要求自己，慢慢地也就习惯了。我相信其他同学都会比我自在。我的学习成绩一直还不错，外人以为是父亲教的，其实他从来不曾过问我的学业，但却教给了我许多课外的知识。他的教诲很多是潜移默化的，对我后来的成长起着非常重要的影响。

周末的活动还有在家里干活，我从很小的时候就开始给父亲打下手。干活前，我们会换上一身旧衣服，整理园子、修整花草树木、种苞米豆角等等。有一次，父亲还手把手地教我杀鸡，我学会了用左手完全控制住鸡。记得第一次打下手的场景，我双手插兜站在那儿好奇地观看。平时慈祥的父亲忽然变了脸色，厉声训斥道："你这不是跟公子哥儿一样吗？""公子哥儿"这几个字带着强烈的憎恶，从来没有见过他发那么大的火，把我给吓了一跳。慢慢地，我学会了眼里有活，绝对不能双手插兜站在边上看热闹，因为那是公子哥的做派。打下手让我还懂得了以下几个重要观念：

1）干活的仪式感：干活前要换上干活的衣服，穿上旧衣服才能专心地干活，不必在意弄脏衣服。这样不仅避免弄坏新的衣服，还能减少受伤的可能。一次在老家遇见表姐，她说她的母亲曾提到父亲小时候干活也是这样，看来这是从小养成的习惯。

2）规矩与样子。干活不仅要遵守规矩，还要有模有样。扫地时应双手握住扫帚，不能只用一只手，这样显得吊儿郎当，没有干活应有的样子。应随时保持周围环境整洁，完工后还要将工具清理干净，再放回原处。

3）方式与方法。干活要讲究方式，扫地时不要扬起灰尘。使用扫帚时速度要均匀，到边缘时不能猛然抬起，应轻轻垂直提起扫帚，这样灰尘不会扬起。干活还要讲究方法，要学会动脑筋，计划周全后再动手。先做什么后做什么，顺序非常重要。工具合适，事半功倍，还要善于用巧劲，不能一味使用蛮力等等。

4）有眼力见。眼力见是一种在干活的时候观察和配合的能力，这种能力需要培养。例如，提前一步准备好需要用的工具，并在需要时马上递过去。农村的同学来找我玩时，总会先帮我把手头的活干完再走；而城里的同学则完全没有这种意识，即便他们想帮忙，也不知道如何下手。

5）注意安全。父亲的左手拇指指甲又黑又厚，那是小时候铡草时不小心切掉了。他不止一次地给我看他的左手拇指，提醒我干活要小心，不要伤到自己。安全是最重要的。

土得掉渣的打下手其实蕴藏着大道理，这是千年农耕文明的一个传承。我学会了通过观察来学习，学会了要有眼力见，干活也要动脑筋，特别是要讲究方法。在后来的生活、学习和工作中，我都能体会到这种教育的好处。我懂得了师徒教学的方式方法，长大之后因此而学到许多书本之外的知识与技能。

1977年，我从乡下回城，在建筑公司做电工。当时的一位老师傅是满洲国时期由日本人训练出来的，因为我会打下手并且有眼力见，所以他很喜欢我。打下手的训练不仅仅适用于体力劳动，也适用于脑力工作。例如，在工作中，我会自然而然地应用这些理念：建立规矩，寻找方法，注意程序，勤于观察，做好下一步的准备等。

有一次，我在永和豆浆吃早餐时遇到一位新来的实

习生，一看就是乡下来的孩子，他那手足无措的样子真
的让我哭笑不得。如果他会打下手，绝对不会是那样的
表现，看来打下手在农村已经快失传了。现在很多家长
全部承担了孩子的生活，只要考试成绩好就行，不重视
动手能力的培养。事实上，劳动教育和师徒学习的方法
非常重要，希望这些传统不要被遗失殆尽。

1963 年与父母合照（衣服是母亲设计的）

谈谈教养

教养就是既要教育又要培养，不教只养是在害孩子。教养并不难，只需在孩子很小的时候盯住一些小习惯，进行管教。这样不仅能够对孩子说"不"，还能够培养他们良好的生活习惯和自律性格。犯罪心理学家李玫瑾老师关注儿童教育，通过分析罪犯和问题青少年，发现问题根源往往在于家庭教育。她指出，如果在孩子六岁之前没有对他们说"不"，等到长大后就很难管教了。其实，我们的祖先早就有一套行之有效的方法，所谓良好的家风就是重视家庭教育，这不仅让孩子受益终身，还会惠及下一代。

教养很多体现在细节中，一般人往往忽视了一些习惯。国学大师曾仕强说："一个人有没有教养，只需看两件事：走路和用筷子。"虽然他没有提供详细的内容，但我可以谈谈我的理解。

我走路的习惯来自父亲。在我很小的时候，他就开始教我走路的规矩。比如，和长辈一起走路时，要走在后边半步，以示尊敬。他还仔细地解释说，只有在开门时才需要抢先几步上前。有一次，我走路时鞋在地上拖着，父亲的眉毛立刻竖了起来，批评道："这样走路多难看。"现在我走路脚下轻快，这要感谢父亲的教诲。

我用筷子的习惯则是来自母亲。比如，让长辈先动筷子，不要在盘子里乱拨弄，自己动过的菜就要拿回来，只能拿盘子里靠自己这边的菜等等。她曾耐心地纠正过我的一个用筷子的习惯：伸手夹菜时手心向下，回来时手又转回来。每次这样夹菜，她就用筷子轻轻地敲打我的筷子，记得过了好长时间我才改掉这个习惯。她说："用筷子要大大方方的，转手夹菜像是在偷拿东西，多不好看啊！"现在我用筷子时手心一直向上，这要归功于母亲的教诲。

曾经有一个受过高等教育的人，第一次去女朋友家吃饭时，被女朋友的妈妈教了一些家中的规矩，结果他认为自己被瞧不起了，导致好好的一段初恋就这么结束了。后来这个人认为是自己心高气傲才失去了那段姻缘，其实深层原因是他从小没有受过调教，遇到约束时感到极度不情愿。有教养的人遇到这种情况不会认为是被瞧不起，反而会高兴地学习新规矩。教养可是钱买不来的，女朋友家里规矩多，多学点又有何妨？更何况将来还会惠及孩子。那位妈妈是位明白人，女儿嫁给这样的人会吃亏的，桀骜不驯，自律性差，不懂规矩，将来容易出问题。

　　教养是经过刻意调教养成的规范举止。生活在社会中必须学会与人打交道，懂得和遵守规矩才能顺利地融入社会。孩子小的时候最容易接受规范，长大后遇到规范时不会产生强烈的抵触情绪。有教养的人可以立刻发现一个人是否被调教过，而没有受过调教的人举止中往往缺少细节。所以，正如曾仕强大师所说，从一个人的走路姿态和用筷子的方式确实可以看出其是否受过家教。

俄语老师母亲

　　母亲洪梦南是哈尔滨人，外祖父母都从事俄语翻译工作。当时，哈尔滨住着许多白俄人，在道里区长大的母亲讲着一口流利的俄语。1949 年，她考入东北师范大学俄语系，以优异成绩毕业并留校任教。那个时候，国家急需师资，大学学制为三年。1951 年，母亲毕业后与父亲结婚。小时候父亲没有教我数学，有趣的是，母亲也没有教我俄语，不过她却教了我许多其他东西。五岁时，她就教会我阅读《安徒生童话选集》，还经常教我唱歌和表演。他们的教育不尽相同，父亲的教育多是理性的，而母亲的教育则多是感性的。下面，我来分享一些母亲的教诲以及我的感悟。

　　小时候，母亲常常让我和她一起做事。她对生活的方方面面都有自己的观点和讲究，日子过得明明白白。

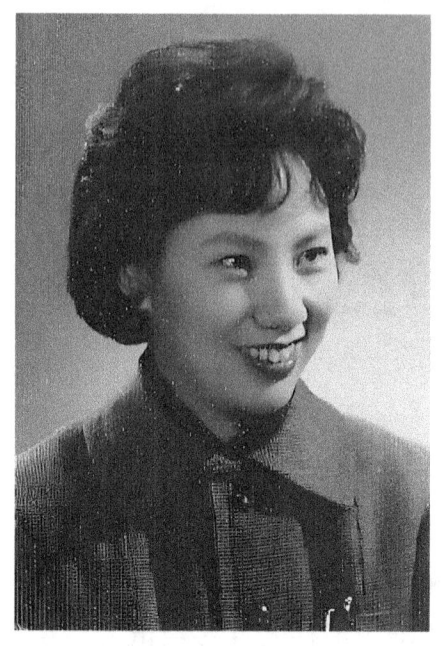

母亲洪梦南 1963 年

有一次摆设家具时，她问我应该怎么摆。我先提出一个位置，她说那里光线不好；我再提出另一个位置，她又说那样看不到窗外的风景。她总能用一些小事激发我的思考，培养我勤于思考的习惯。母亲总是把家里打扫得干干净净，整整齐齐。整洁习惯的培养其实非常简单，只需建立心情联系，做到心里有这根弦。比如，她问我心情在脏乱时好呢，还是在整洁时好？我自然喜欢整洁时的心情。这样，环境与心情的联系就建立了起来。以后，为了心情愉快，我就会自觉地去打理环境。

母亲启发我在心情和环境之间建立起联系。一旦有了这根弦，我自然会在这方面发展，长大后还能把环境收拾得更加具有艺术感。当然，没有整洁习惯也有优点，那就是在环境不整洁时不会感到心烦。但没有整洁习惯还有一个缺点，可能很多人不会想到，那就是当环境干净整洁时，不会由衷地开心。

喝茶时光

别人家是白天喝茶，我们家却是睡前喝茶。父亲不喝茶，妹妹比我小八岁，所以小时候晚上都是我陪母亲喝茶。白天的她总是忙忙碌碌，走路都像小跑似的，而喝茶时却完全变了一个人，变得非常安静。因为我是小孩子，所以母亲只给我半杯茶。玻璃杯里那热腾腾的红茶分外好看，散发着沁人心脾的茶香。一开始，我很快就喝完了，然后坐在那里动来动去。后来，我才学会了安静地把茶喝完，并且还知道什么时候茶要喝完了。当母亲的呼吸变得很慢很稳之后，她才会喝下最后一口茶。就这样，每天我都向往着晚上陪母亲喝茶，因为那是一天中最美好的时光。比如，刚刚还在严厉批评我的母亲，不管白天发生了什么事，一喝茶就什么都不说了，睡觉前总是那么安静和温馨。

母亲的红茶是用纱布包着茶叶放在茶壶里煮的，而不是直接沏的。有糖的时候，她会少放一些进去，没有现在奶茶那么甜，也不放奶。茶壶底被火烧得漆黑，茶杯是普通的玻璃杯。现在的生活好了，大家都讲究茶具、水质和茶叶。母亲喝茶没有那么多讲究，只是不讲话，慢慢地喝，平安地结束每一天。安静的喝茶时光充满了她对我的爱、接受和期许，还有对明天的向往、对生活的热爱，一切都在那无声的不言中。就这样，我喜欢上了陪母亲喝茶，这让我每晚都能够很快地进入梦乡。半个多世纪过去了，喝茶的情景依然深深地印在我的心中，那是一段孩提时期最幸福的时光。

　　仪式感帮助我们在做事之前调整好身心状态，起到事半功倍的作用。其实，做任何事情都应该有仪式感。比如，每次干活前我们都会换上干活的衣服，这就是一种仪式感，这样才能静下心来干活，不用担心把衣服弄脏。吃饭也有仪式感，一家人在一起用餐，饭菜吃得才香，才有家的温暖。仪式感会大大提高生活质量、学习效率和工作质量。有了这个习惯，日子会过得更幸福，学习成绩会更优异，工作成绩会更卓越。长大后做事时，我们会主动寻找那种感觉，习惯在做事前先做好准备。比如，找同事做事时，如果这位同事说"等一下，让我上趟厕所再拿杯咖啡来"，这说明他做事有仪式感，可以专心工作较长时间。这样的人通常做事效率高，工作能力强。相反，没有仪式感的人通常做事浮躁、不停犯小错、做做停停，效率低下。

雨中玩耍

　　还没有上小学的一个夏日，大雨倾盆，积水遍地。我突发奇想要出去玩，母亲没有阻止，我光着脚就跑出去了，任由雨水浇打在身上，在泥水中又跳又蹦又喊又叫，浑身淋得湿透，玩得既兴奋又开心、既满足又过瘾。我一直以来对雨都情有独钟，喜欢雨天的幽静。回来后，母亲帮我擦干身体，换上干衣服。往常她一定会批评我把衣服弄脏了，但这次她却问我下次还要不要再出去。我回答说不会了，就这一次，我只是想感受一下大雨。母亲开心地笑了，夸我懂事了。那一整天我都特别开心，也更加爱母亲。

　　让孩子开心地去玩，首先要学会用心玩，长大后才会用心做事、用心做人。实际上，开心去玩不用教，只需要家长给孩子创造环境。千万不要认为玩耍是浪费时间，这是培养孩子心性的最佳机会。生活要有规矩束缚，也要有情感抒发，这样才能平衡。有趣的父母理解孩子的童真，允许孩子像孩子那样长大，鼓励孩子独立，给予孩子信心与勇气。管教过于严苛往往有一个缺点，那就是情感上放不开，不善于抒发情感和放飞自我。

莫斯科大剧院芭蕾首席奥尔加·斯米尔诺娃（Olga Smirnova）在访谈中说，演出时她并不紧张，更多的是期待，每一次身体状况都有所不同，她要根据当时的状况展现出最好的自己。这说明了两点：一、她的对内自我感知超级好；二、她的对外表现能力也超级好。

在传统家庭中，孩子在大人面前通常不可放肆，因而养了处处谨小慎微的拘谨性格，甚至从不敢开心，担心会因此遭到呵斥。孩子的生长环境非常重要，家长应为孩子创造愉快的氛围和快乐的空间，这样孩子才能发展出健全的人格。开心是治愈心理问题的良药，是勇敢前行的动力，更是灵感的源泉，还是自我认知的关键。学会开心之后，孩子才能成为自信心强、敢于创新、不怕失败的人。开心能释放不良情绪，防止对身心的伤害。心放得开才能成为优秀的演员、艺术家、运动员，才能产生新的思想与创新。

因此，一定要让孩子保持开心，勇敢面对各种挑战，充分感受大千世界的美好。这样，孩子才能坦然面对人生的苦与乐，活出自我，不枉此生。

爱护花草

家中的前院有好几个花池，母亲在花池里种上了不同的花，形成了美丽的图案，开花时节尤为好看。有一天，我把花摘下来拿在手中玩，她看见后脸色立刻变了，把我叫到花池前面问道："这些花是摘下来好看呢，还是不摘下来好看啊？"我说："不摘下来好看。"她接着说："这么漂亮的花你怎么忍心去破坏它们呢？破坏这么美的东西是罪过，罪过啊！神要惩罚的！"她把我身子转过去，狠狠地打了我屁股一巴掌，然后又伤心地把吓坏了的我搂在怀里，告诉我："妈妈的好孩子一定要懂得爱护美。"这是我记忆中第一次挨打，这一巴掌真的把我吓坏了，在我幼小的心灵上深深地烙上了几个大字"破坏美会遭到惩罚的"。虽然我不懂"惩罚"是什么意思，平时淘气捣蛋她都没有那么在意，但是不懂得欣赏美和爱护美是绝对不能接受的。

上小学后，听到老师教导不要随便摘花，要爱护公物，我就知道这与母亲的观念有所不同，前者是理性的，后者是感性的。欣赏美，爱护美，对观念的形成有着很大关系。美就是对万物本真的感悟，童年时期感受过美，长大之后自然会喜爱美。小时候经常郊游的人，长大以后就会热爱大自然。常被美所陶冶的人性格会不同，对世界的感悟更深刻。比如说，一朵小花、一块小石子、霞光万道、蓝天白云、茫茫雪原，都蕴藏着强大的教育力量，陶冶情操，提供成长取之不竭的能量。

感性的食

记得小时候，有一段时间我特别喜欢串门，觉得别人家的饭好吃。我发现每家的讲究都不同，有的人家理性一些，有的人家感性一些。理性的人家一定要所有人到齐才动筷子，有时候菜在我面前眼瞅着凉了。这样的人家会热情夹菜给我，却不管我喜欢吃什么。感性的人家菜快凉时就会说不要再等了，注意到我喜欢吃什么时会说"喜欢就多吃点"，不会夹菜给我，饭后会问"吃好了没有"，而不是"吃饱了没有"。"好"与"饱"看似只有一字之差，反映的却是迥然不同的生活态度。理性人家只在意吃饱了没有，吃撑了也不要浪费。感性人家在意吃好了没有，更为重视感觉。

一个常见的现象是，大人喂孩子吃饭时费劲地一边喂一边说："不吃饭长不大，身体不好"等等。小孩子哪里听得懂这些大道理？填鸭式喂出来的孩子，只会吃饱，不会品尝食物。感性的人家首先让孩子感受菜是凉的好吃还是热的好吃，孩子自然会说热的好吃。下次吃饭时，只要说菜要凉了，孩子就会来吃饭了。这就是在教孩子跟着感觉走，非常简单。

我们还可以问问这次烧得好吃还是上次好吃？和孩子讨论做法、食材、佐料的不同，让孩子说哪个好吃，哪个不好吃。这样不仅让孩子吃了饭，还增强了他们的胃口和对食物的兴趣，同时还增长了对食物的感性知识，长大之后自然就有了美食欣赏能力。

当然，主动夹菜是好意，我后来也慢慢适应了。但是请不要小看这件事，这不仅是卫生问题而且还是顾及他人感受的问题。理性家庭成长的人往往不会顾及他人感受，习惯用"我是为你好"这个理由将自己的意愿强加于人，出去吃饭时只点自己喜欢的并且认为这是为人家好。

吃饭也有不同的层次，很多人以吃饱为享受，家人则常说："要吃七分饱留个念想。"这样既加深对美食的印象又避免吃伤，而且还有利于健康。另外，有的人只在意某个菜好吃，有的人则在意饭菜的搭配。

一次我在饭馆吃午餐时巧遇一位熟友过来打招呼，看到我桌上的那盘青菜说道："点这干啥？我都会做，下次来我家我做给你吃。"一顿饭的综合感受不在考虑范围之内,吃肉没有蔬菜搭配也无所谓,这是一个非常普遍的生活观。干吗处处都那么精打细算呢?偶尔率真一下,潇洒一回,善待自己一次,多好啊!点一个荤菜再配上一个素菜,心情好的话还可以加上一碗汤。千万不要算计过头,把好好的日子硬生生地过得少了半边,而且是那感性、有趣和幸福的半边。

只点一道菜是在追求单一的快乐,点一个荤菜再配一个素菜是在追求综合的快乐,加上汤和甜品则是更综合的快乐。在条件允许的情况下,综合越广也就越有趣,越幸福。比方说,除去点菜之外,还要考虑环境、地点、与谁共餐,饭前饭后一起去做些什么等等。现在生活好了,要学会追求综合快乐,综合感觉不仅包括自我的感觉还包括其他人的感觉。例如,人多吃饭香就是一种综合感觉,与自己偷着乐截然不同。

单一感官的快乐每个人都会,而综合感官的快乐则需要培养。最重要的是,追求综合感官快乐就不会沉迷于单一感官快乐,就会发现更多的美好,有一个更加丰富和幸福的人生。

习惯培养

　　人与人之间最根本的差别在于习惯，习惯伴随人的一生。有些习惯是生活中最琐碎的部分，不容易发现和纠正，但久而久之，这些习惯就形成了人与人之间的差距。有了观察兴趣，就会有爱好；有了爱好，就会形成习惯；有了习惯，感受能力就会越来越强，感性知识也会越来越丰富，生活就会变得越来越有趣。

　　在一部动物纪录片中，我看到一只母鹿带着刚出生不久的小鹿。母鹿在前面走，小鹿在后面跟着，母鹿不时停下来抬头张望。解说员介绍说，这是母鹿在教小鹿随时观察四周的习惯，以便小鹿长大后能及时发现危险，避免成为猛兽的猎物。看着小鹿萌萌地跟在妈妈后面走走停停，我想，母鹿一定要坚持很久才能使小鹿养成这个习惯。有了这个观察习惯，小鹿的观察能力就会越来越好，可以察觉出微小的气味和声音变化，从而得以生存。那么，比母鹿聪明很多的人类又做了什么呢？

培养孩子的好习惯对于没有习惯的家长来说是一件很难的事，习惯培养是一个非常理性的教育。习惯养成需要时间，家长必须不厌其烦地重复提醒，除此之外别无他法。譬如，学会有眼力见和打下手就需要刻意培养，没有这个习惯的人不会明白我在讲什么，家长不教的话长大之后再学会非常困难。

然而，如果家长们通过努力花时间在孩子身上，那么不仅对孩子有益，而且将来还会造福于下一代。他们将来为人父母时就会自然而然地重复自己所受的家教，因为在他们的潜意识里会认为父母就是应该这样，无需再刻意地耐心，就像鹿妈妈那样将习惯传给了下一代。所以有人说，教会一个女孩会改变三代人，此话很有道理。家教是孩子小时候学的，常在孩子身边的人教的，当然唯妈妈莫属。不过，三代之说有待商榷，好的家风是传家之宝，可以传承很多代。当然，还有一个快捷方式获得教养，那就是娶一个有教养的媳妇。

小孩子首先是感觉能力发展，长大之后才懂道理，所以要先培养孩子的感觉能力。怎样培养呢？唤醒孩子对感觉的兴趣。苏格拉底曾经说过："教育不是灌输而是唤醒。"一万次的灌输，不如一次真正的唤醒。比方说，有的小孩子看到妈妈换了发型就不认识了，原因是家长没有唤醒孩子对识人的兴趣。识别妈妈可以看眼睛、看脸型，还可以从许多其他方面识别，比如说话声音、脚步声音、动作姿态、身体味道等等。

这个能力其实很容易培养，比如，听见门声就问"这是谁来了呀？"孩子感兴趣后就会发现每个人的开门声音不一样。一旦有了这个兴趣，他们自然会发现更多细节，不但能听出来谁在开门，还能判断开门人的状态，是心中有事很着急，还是身体乏力很疲劳。大人只需启发，孩子自然会去感觉，长大后就变得机灵。其实，提高孩子的感觉能力是一件非常简单的事，不需要高学历，只需鼓励孩子去感觉，产生兴趣就大功告成了。

观察习惯

2005 年世博会在日本爱知县举行，刚好我在那里出差，同行的还有公司的副总。恰逢周日，我们便一同去参观世博园。晚上又累又渴，我们在京都找到一家著名的豆腐餐馆用餐。席间，他突然认真地提出要向我学习。我好奇地问："学什么啊？"他说："你能看到许多我从来不注意的东西，而且还有自己的观点与评价。"回到酒店后，我仔细地思考了一下，已经年近半百的我这才恍然大悟，原来这个习惯来自母亲。她就是这样一个人，对生活中的方方面面都有自己的观点。一直以来，我都以为这是天生的，完全没有意识到是母亲培养出来的。

小时候，我既淘气又粗心，母亲却从来没有批评过我，只是随时随地与我分享她的观察与感受，把我当成一个小大人来唠叨。比方说，今天的饭比昨天的好吃呀？

她讲究煮饭时不开锅盖，这样饭更香更好吃。我学会了不仅注意原材料的香味，还要注意烹调方法。院子里的玫瑰花昨天就开了，去闻一下香不香？母亲随时随地与我分享生活中的点滴。今天的晚霞多好看啊！楼上王老师家窗台上的花开了，今年开得比去年早一个礼拜啊！我要高高地仰起脖子才能看见那窗台上的花。咦，李阿姨今天脸色不大好呀，是不是哪里不舒服？我要使劲地回忆刚才的细节才能明白她在讲什么。

在母亲的培养之下，我产生了观察的兴趣，时常会同她分享我的发现。虽然我总想先看到有趣的事物，多数情况下却是她早已注意到了，而且总会给出她的评语。就这样，我的习惯养成了，观察能力增强了，对周围敏感了，兴趣广泛了，知识丰富了，思想活跃了，自然而然地就变得细心了。

记得上小学后，一天放学回家，碰见她端着一碗水走出来。我问："这是干吗？"她说："给那些小鸟喝呀，它们每年这个时候都经过咱家这儿。"我好奇地在外面找了半天，才看到树上那些胸前有块黄斑的小鸟儿。那天我好懊恼啊，常在外面的我怎么就没有注意到呢！

特别喜欢找个安静的地方发呆，随意地观察，没有期望与目的，只有出乎意料的惊喜：蚂蚁搬家、鸟儿打架、蜜蜂采蜜、蝴蝶破茧。有一次，我坐在院子里发呆，恰巧看到家里的大狸猫匍匐着向一棵小树下爬去。树上有很多麻雀飞来飞去，我等了好长时间，还是看不出端倪。就在我要放弃观察的时候，大狸猫突然向树上龇牙低吼了一声，一只麻雀扑哧着翅膀掉了下来，还没落地就被衔在了嘴中。原来大狸猫是这样捕鸟的，简直太有趣了。它竟然知道不需要上树，只需在下面吼一声，麻雀就会吓得失去平衡而掉下来。现在的孩子们大概没有这样的机会，失去了这种人生乐趣。

在北方长大的我一直以为秋天的红叶是霜打的，三十多岁之后来到四季如春的南加州，才知道红叶并不是霜打的。没有霜，秋天树叶照样变红。再后来，9月份在广州陈家祠堂里，我突然闻到一阵花香，沁人心脾，四周寻觅却不见来处。打听之后才得知，这就是大名鼎鼎的玉堂春，花开在比房子还高的大树上。这种玉兰花与颐和园的有所不同，是我闻过的最好闻的花，比秋天南京紫金山上的桂花清淡许多，让人不自觉地要深深吸入肺腑，心旷神怡。虽然我在东北长大，那里没有那么多的花草树木，孤陋寡闻，更不是专家。只是习惯不管多么忙碌，随时驻足感受一下，让时间流逝得慢一些。在北大上学时，早春去颐和园赏玉兰花，秋天去香山赏红叶，不是为了赚钱，更不是为了成名，而是珍惜身边的景色，觉得观察非常有趣。

　　好的文学作品都是来自细心观察和感悟能力，作者都是感觉能力非常强的人，观察既细致，又深入，又广泛。字里行间有画面感，人物事件等复杂关系的建立显示出超级好的整体观察能力。另外，观察时不但要观察新的事物，还要观察熟悉的事物。发现新东西有趣，发现熟悉的东西变化了也非常有趣。有的人认识一个人后，就不再继续观察，更懒得打招呼。喜爱观察的人会说："刚才还好好的，现在脸色怎么这么难看？最近好像瘦了许多，减肥很成功啊！这个新发型好看，在哪里剪的？"这样人际关系自然融洽。

　　"读万卷书，不如行万里路"，这句名言说的是感性学习比理性学习重要。但是这里有一个前提，那就是必须有观察习惯。光顾行路而不去观察，还是没用。有人去欧洲旅游，看了一个教堂后就不想再看下一个了，"不就是一个大房子吗？有什么好看的！"有观察习惯的人不会放过这个学习机会，一定会进去欣赏，发现新事物，了解新知识，形成新观点。人生感悟来自长时期的积累，没有观察习惯，行万里路的收获甚微。日常生活中有无数事物值得观察与体会，即便到了退休的年龄，还是有很多新的发现和领悟。感性人生是一辈子的事，让我们一起用心走好人生的每一步路，尽情享受沿途的风景。

形成观点

　　观察习惯说白了就是一种自学方法，那么具体如何做呢？首先要勤于观察，然后形成观点。观察时要走心过脑，走心是形成感受，过脑是形成观点。这样，下次才能做出比较、归类、概括和总结，进而加深记忆，扩展知识。形成观点就是在知识的脑海里做一个标签，例如："这是第一次"、"最喜欢的一次"、"最有趣的一次"、"印象最深刻的一次"、"感觉最不同的一次"等等。做标签就是进行归类和联想，联想之前的经历，进而增强记忆力。一句话，形成观点至关重要，否则很难记住，更无法形成系统认知。

　　需要特别注意的是，这里的观点是活的，随着阅历的改变而改变。形成观点是为了更好地认识这个世界，最初的观点总是片面的，随着阅历的增长才会逐渐变得全面，最终形成具有实际人生意义的认知。有些人的观点是死的，用于显示自己批评他人，而且非常善于辩论，俗称"杠精"。有些人的观点是书中看来的，别人嚼过的馍没有味道。当然，一个人不可能对所有事物都有观点，但在观察时自己形成观点至关重要。有无观点的人生有以下几个不同：

无观点的人生，混沌、茫然；

有观点的人生，清晰、明白；

观点不变的人生，乏味、狭隘；

观点在变的人生，有趣、丰富；

观点片面的人生，偏激、负面；

观点全面的人生，豁朗、正面。

观察习惯应该得到重视，观察就是感性学习，走心过脑就是感受、记忆、概括、总结。观察习惯与学校里的学习不同，孩子小的时候即便父母学历不高也可以培养。有观察习惯的人敢于发表自己的观点，因为观点来自自己的亲身经历与感悟，所以不会惧怕所谓的专家。有观察习惯的人遇到不同观点时不会急于争辩，反而会追问原因，这完全是一种好奇心的驱使。

生活的乐趣来自观点的不断更新，而且常常是颠覆性的。每一次更新都是一个有趣的故事，想忘记都难。随着见识的增长，自然而然地成为一个装满故事的人。形成观点说白了就是过一下脑子，做一下思考。有这种习惯不是生活的负担，而是生活的乐趣。新的感受层出不穷，观点不断更新，知识不断增长，既锻炼独立思考又让人虚心好学，不自卑不自骄，因为从一开始就是学无止境。请注意，这里讲的不是什么大道理，更不是什么大智慧，而是一个超级有趣的好习惯，用心的家长都可以培养孩子这个好习惯。

理性与感性的平衡

　　好的家教需要理性和感性的平衡，既要严格，又要宽松，不能只有严格没有宽松。网上有许多关于家教严厉还是宽松的讨论，殊不知严厉和宽松针对的是完全不同的两个方面：一方面是理性家教，另一方面是感性家教。两者不相矛盾，可以同时进行。

　　在哪方面严格呢？在理性方面严格，简单地说，就是学会遵守规矩。事实上，许多规矩后来我都忘了，讲究的人已经不在了。那么，规矩的重要作用是什么呢？修理脾气，如同驯马那样去掉野性。每个家庭的规矩都不尽相同，有多有少，只要受过家教，就能去掉野性，步入社会时就能够轻松地融入社会。否则，容易成为小霸王，谁都管不了，无法融入社会。

在哪方面宽松呢？在感性方面宽松，简单地说，就是允许孩子开心地去玩，鼓励孩子积极地感知这个世界，教会孩子跟着自己的感觉走，让孩子学会敞开心扉五官全开。童年快乐开心幸福，长大才会成为一个健全的人。可惜这方面的论述鲜有人提及。一个靠边的说法是允许孩子放肆，这个说法看到了表面现象，还是一个理性方面的理解，没有弄明白感性的宽松不是放肆，也不是放养。

千年的农业文化形成了根深蒂固的勤俭生活方式，勤俭是生存的不二法宝，无形中影响着所有人。现今生活水平大大提高，学会感性生活，社会才有进步。几千年的传统有着根深蒂固的影响，导致了勤俭的生活习惯，很难走出这个理性牢笼。虽然勤俭是一种非常可贵的理性生活方式，但一味坚持勤俭而忽略感受就有些得不偿失。比如：好吃不重要，吃饱就好；好看不重要，穿暖就好；好心情不重要，省钱就好。而感性的人则认为，味道很重要，好看也很重要，心情就更重要了。

既合情也合理，讲道理也谈感受，这些大家都懂，但真正做到却不那么容易，常常是讲道理占了上风。在经济条件允许的情况下，生活得感性一些有什么不好呢？这里要特别解释一下，虽然我提倡感性生活，但没有诋毁理性生活的意思，只是主张两者之间要有平衡。曾经认识一个人，当时觉得他勤俭得有点过头。一个偶然的机会得知他为赈灾捐款，一个让人肃然起敬的数字，又一次提醒我不能片面看待人和事物。我也有勤俭的习惯，时常要提醒自己不要勤俭过头，要善待自己，更要善待他人。共勉。

理性思维是大多数人的习惯，如果存在一个理性的理由买东西，必然就存在另外一个不买的理由，而且可能还不止一个。有理由不能说明正确，更不能显示聪明。请问找出几个理性理由来是不是很容易？既然容易又能够说明什么呢？总想讲道理是一种偏执，理性与感性的严重不平衡。殊不知，道理讲多了，感觉就少了。能不能换一个思维方式呢？喜欢就买了，不就是这么简单吗？而且这是唯一的理由。感性生活的挑战就是要鼓起勇气打破理性牢笼，请仔细想想下面的问题：找理由和"我喜欢"这两种选择，哪一个内耗小些，哪一个更幸福呢？

任何事情都有理性和感性两个方面，把握两者的平衡尤为重要。譬如，在学习和工作方面应该更多地依赖理性，但在生活与爱好方面则应更多地依赖感性。在我成长的过程中，感性生活曾被视为资产阶级的生活方式，因此我为之付出过惨痛的代价。如果当时理性一些，肯定会减少许多麻烦，不过那样的话我也就不再是我自己了。现在回头来看，尽管感性一些带来了不少痛苦，但同时也收获了许多快乐。最让人欣慰的是，还有很多美好的记忆与感悟。

感觉能力是人的根本能力，有了感觉能力，感性知识与心智才能成长，生活变得趣味丛生，骤然发现世界那么美丽，身体那么奇妙，欣然变成了一辈子的修行。一言以蔽之，

一个人的幸福来自感性家教。

有教育学家说，教育一个男孩只教会了他自己，而教育一个女孩则教会了好几代人。这个观点很有道理。虽然父亲的教诲我都传给了两个儿子，但是母亲的教诲是在我 50 岁之后才慢慢地领悟，所以儿子小的时候我没有给予他们足够的感性培养，因为那时我对感性家教的认知还不是那么全面。希望现在写下这些文字还不算晚，对新的一代和有兴趣的人能够有所帮助。

成长往事

　　杨绛先生曾说:"**年轻时以为不读书不足以了解人生,直到后来才发现,如果不了解人生是读不懂书的。**"我觉得如果把了解改成感觉则会更加贴切。也就是说,如果不感觉人生是读不懂书的。用生活所感去读书,用读书所感去生活,然后用所思所感去写作。一个人的成长离不开经历过的人与事。

　　生命中真正重要的不是你遭遇了什么而是你记住了哪些事,又是如何铭记的。

　　　　　　　——《百年孤独》作者加西亚·马尔克斯

　　非常喜欢马尔克斯上面的这句话,下面就是一些我所铭记的成长往事。

童年烙印

1990 年代初期，在公司员工的急救课上，一位身材高大的同事突然"咣当"一声倒地不起，口吐白沫，全身痉挛。大家都被那突如其来的癫痫发作吓得不轻。第二天一大早，一位同事来到我的办公室，神秘兮兮地对我说："Xiaonan, you must have gone through shit!"意思是："小南，你一定经历过非同寻常的痛苦。"我好奇地问他为什么会有这样的结论，他笑着回答："你看啊，昨天那人倒下时所有人都向后躲，包括那位急救老师，只有你第一时间上前施救。"真的是不问不知道，一问吓一跳。我的下意识反应竟然与在场的三十余人都不同，估计这是只有在战场上活下来的人才会有的反应。同事离开后，埋藏在我脑海里的那些不堪回首的往事突然一桩桩地涌现出来，那一整天我都无法静下心来工作。

"文革"开始时，我在上小学三年级。当时，闹得

父亲同妹妹和我 1966 年夏天

最凶的是那些口喊"革命无罪，造反有理"的大学生们。我家附近有七八所大专院校，父亲作为大学副校长在劫难逃。1966 年 6 月，父亲留德同学、好友、兰州大学校长江隆基被批斗殴打致死。电话打来家中时，空气瞬间凝固了，大人的表情让我感到无以言表的恐惧。接下来，铺天盖地的大字报和红卫兵像打了鸡血一样，随意闯入家里疯狂打砸抢。

造反派头子是学校里的教职员工，一夜之间，他们从笑脸相迎变成了穷凶极恶的攻击者。他们知道每家人的住处，带着红卫兵到处抓人，蛊惑红卫兵把人往死里整。宣传卡车天天在街上转悠，车上有十几个高音喇叭，声嘶力竭地喊着"打倒XXX"的口号，都是一些熟悉的名字。宣传车每经过一次，我就受一次惊吓，生怕听到父亲的名字。当时游行游街是常事，震天动地的锣鼓声伴随着疯狂的口号声，不知道又是哪户人家遭了殃。接下来是武斗，起初是棍棒刀枪，后来变成步枪、冲锋枪、机关枪和迫击炮。学校里停课闹革命，老师被拉出来批斗、羞辱和殴打，脏水桶被偷放在教室门上捉弄老师。窗上的玻璃被弹弓用铁砂打得满是小圆孔，两栋教学楼没有一片玻璃是完整的。

那个时期外出要特别小心。我被一帮大孩子盯上，见到我就追着打，经常被打得头破血流。父亲被关押，我要定时去送换洗衣服。有一次鼻梁骨被打碎，回家后无人带我去医院，导致我至今鼻子都有问题。当时那种无助真的难以言表，叫天天不应，叫地地不灵。公园树林里常见上吊自杀的人，湖水中也经常浮出自杀的尸体，自杀未遂的就更多了。1967年夏天，流弹太多，家家户户的窗户都被砖头砌死，这样生活了有大半年之久。晚间外面可以看见子弹从空中划过一道道亮线，白天街上走路的人会突然被流弹击中倒下。还有一次，红卫兵就在家门口堆筑沙袋，架上机关枪射击。邻居家小二被流弹打死，体操老师也被殴打致死。这就是我的童年烙印。

忆英珍姨

英珍姨（左）与母亲

这张残破的老照片拍摄时间不详，应该在 1947 年左右。英珍姨那双美丽、善良、真挚的大眼睛，与我看到的一样，就如同她这个人一样。英珍姨比母亲大几岁，她们是战争年代患难与共的好姐妹，一同经历过长春围城。

母亲在 12 岁那年失去了姥爷和姥姥，14 岁时大姨嫁人。她只身一人从哈尔滨来到长春谋生，凭借一口流利的俄语，在俄国人开的秋林商店找到了一份售货员的工作。她们就是在那个时期相识的。

一次我们全家去英珍姨家吃饭，狭小的屋子里挤满了人。英珍姨做了很多菜，大家都非常高兴，热热闹闹地聊起了许多往事。那是我第一次听说，原来在英珍姨的新婚之夜，母亲竟然和他们睡在一个炕上。母亲诙谐地说："外面那么冷！我没地方去啊！"逗得大家开心地大笑起来。

自从母亲过世后，每当想她的时候，我都会走很远的路去英珍姨家。见到我，她总是那么高兴，问长问短，忙着给我做吃的。在那个缺衣少食的年代，有几次她还给我做蛋炒小米饭，每次都不忘记告诉我："你妈妈最爱吃这个。"

英珍姨，那时我多么不懂事啊！你的日子也过得很拮据。你知道吗，每次进城的时候，我都会偷偷去你工作的商店看你一眼，不敢走近柜台和你说话，怕打扰你的工作。感谢你给予我的爱，使我有了努力学习和奋斗的勇气。你的美丽与善良永远铭记在我的心里。

下放生活

1969 年冬天，政府号召知识分子下放到农村，与农民相结合，接受再教育，开始了下放运动。我们那里是全家下放，而不是父母单独去干校劳动。在此期间，父母停职停薪，只发基本生活费。当时我正在读师大附小六年级，班里同学连个毕业照都没有，大多数随父母去了农村。1970 年 1 月的一天，我们搬出西康胡同 31 号的家，坐上解放牌卡车前往德惠县。那年的冬天特别冷，气温低至零下 30 多度，白雪茫茫，寒风刺骨。车里只能坐下两人，我们轮番进到车里取暖，手背冻得像馒头，每个毛孔都在开裂出血。到了之后，我们搬进了一个有两间屋子的泥土草房，开始了新的生活。

那时我刚刚 12 岁，什么活儿都干，包括挑水劈柴。冬天井沿周围结满了冰，十分危险，容易滑倒，我慢慢地从一开始只能挑半桶水到最后能够挑满桶水。那时正值中苏珍宝岛边境冲突，上学不是挖防空洞就是去学农，几乎没有正经上过几天课。那时正是长身体的阶段，至今依然清楚地记得总是感觉饿得慌，同学们在一起就是琢磨着去哪里搞吃的。春天上树摘榆树钱儿，从地里挖野菜；夏天偷李子、海棠果、香瓜吃；秋天在地里找吃的，见什么吃什么，都是生吃，没有水来洗一下，在袖口上擦两下就进嘴了。农村的孩子入学晚，我又跳了一级，所以同学们普遍比我大两岁。不像在城里，没有人欺负我，我们结下了真挚的友谊。虽然后来他们没有上大学，但我心里清楚，这不是因为我聪明，而是因为家庭影响。他们身上有许多值得学习的优良品质。

农村的空气谈不上新鲜，充满着各种家畜家禽的气味还有柴火的烟味，但环境却格外宁静，可以听到很远处的声音。比方说，早上先听到远处隔一个村的鸡叫，然后是邻村的鸡叫，再后才是我们村的鸡叫。那时我个头蹿了起来，俨然是个半大小伙子，常常自己外出办事。夏日的一天，我终于有机会回到了阔别一年半的长春。刚出火车站，一辆汽车开过来把我吓了一跳，过了好一会儿才缓过神来。我怎么会这么害怕汽车呢？原来我已经不再习惯城市的环境和噪声了。一下子我明白了困惑我多年的现象，初来城里的乡下人脸上总是露出惶恐不安的神情。这一次，我感同身受到了他们的不安，原来是城市噪声所引起的恐慌。过了好几天我才重新适应，头几宿都没有睡好觉。

下放后的第一个春天，历史系的一位老师找上门来借《二十四史》。父亲面露难色，但老师承诺秋天可以给他 20 斤大米。当时粮食稀缺，大米更是难得，他下放在一个种植水稻的朝鲜族村。秋天一到，父亲嘱咐我去取大米。我带上信和地址，一大早就上路了。

当时我才 13 岁，第一次自己出远门，不知道那天具体走了多少路，反正天黑了才将 20 斤大米背回来。之前我非常害怕会遇到恶狗，因为东北农村家家有狗。出发前，小伙伴们告诉我遇到狗时千万不要露出胆怯，更不能转身逃跑。

一路上我发现，多数情况是狗先是冲着你叫，看到你不畏惧时就会转头冲着天叫。狗不看我的时候，我就可以走过去了，这个时候狗不会过来追你。记得非常清楚的是，遇到一只敢于扑过来的恶狗，那真是一场胆量的对决，见我没有后退，那狗在我身前一米之处突然俯身刹住，然后转头跑了回去。我紧张得出了一身大汗，这次的经验让我信心大增，从此不再怕狗，还对身体语言产生了浓厚兴趣。

同我们一起下放的还有吉林省政协副主席苗竹贤和关梦觉，师大数学系主任朱静航和生物系主任傅桐生。他们都是有很多故事的人。傅伯伯是留法生物学博士，全国著名的鸟类学家。他戴着一副眼镜，身高超过一米八。当时，他们家里只有他们老俩口，我们两家相距不到半里路。每次他来串门，父亲都让我送他回家。七十多岁他腿脚相当硬朗，拄着拐杖走得很快。我屁颠屁颠地跟在他身后，一路上当然少不了缠着他讲故事。

有一次我们谈到了飞檐走壁。我说："那大概不是真的吧？"他低头认真地瞅了我一眼，回答道："是真的，我亲眼所见！"他讲述了在河南嵩山实地考察时，少林寺的方丈曾让小和尚给他表演，一丈多高的墙一跃而过。我惊讶地说道："那中国人应该得世界跳高第一了！"他的回答特别有意思，充分显示了他的观察力。他解释说，小和尚是快速跑到墙根下，双脚跺地，屁股一扭，跳过去的。田径跳高则不同，是单脚起跳。虽然这么多年过去了，并没有看到类似的报道，但我相信从小看着我长大的傅伯伯说的是真的。

1970 年冬天，我在学校的乒乓球比赛中获得了冠军，之后加入了校队。其实我的球技一般，在长春的时候根本没有进入校队。夏天的时候，我参加了在农安县举行的地区乒乓球比赛，我还带着父亲的亲笔信探望了下放在那里的徐寿轩伯伯，他是吉林省政协副主席。虽然这次比赛没有得到名次，但每天都有馒头和荤菜吃，感觉像过年一样。这是我下放时期的高光时刻。

毕业下乡

1972 年 9 月，父亲恢复工作，被调回学校。在农村下放三年之后，我们搬回了长春。先前独门独院的别墅早已被人占据，我们只能搬进比原来小很多的宿舍楼内。那个时期，很多人家三代挤在一间学生宿舍里，房子非常稀缺。虽然房子小，但心中还是非常高兴，毕竟是回到了城里，父亲的工资也恢复了。

我插班就读东北师大附中，老同学相逢格外高兴，明显感觉大家都成熟了许多。刚入学就遇上三角函数小考，在农村没有学过，所以只得了 30 多分。记得老师发卷子时，看我的样子是一脸的不可思议，仿佛在说："张校长的儿子数学竟然这么差！"她不知道我们这些下放的同学们经历了什么。我赶紧找资料补习，还好第二次小考就得了 90 多分。老师还以为我作弊，把我叫出去又考了一次。很快，我就赶了上来，开始担任学习委员。就这样，在邓小平的复出中，我正经地读了不到两年高中。

1974 年夏天毕业前，大家对下乡已经不再有之前的激情和冲动，纷纷寻找各种理由逃避。省政协的人专门来家拜访父亲，建议留我在家照顾他。父亲却坚持不搞特殊化，让我和同学们一起下乡接受贫下中农的再教育。作为鼓励，他让我去北京玩了一个星期。这是我生平第一次独自坐火车出远门。一到北京，我就马不停蹄地把北京跑了个遍。

回来不久，我们开始组织集体户。我们这届毕业生当时要求自己组户，每户 16 名同学，8 个男生和 8 个女生。同学们打破男女生不说话的状况，开始积极组建集体户。经过一番激烈争夺之后，终于各自组建了集体户。

7 月的一天，解放牌卡车在学校门前排成一列。在一片锣鼓声中，我又一次坐上解放牌卡车，浩浩荡荡地开向农村。四年多前的冬天，随父亲下放时坐的也是解放牌卡车；这次则是我自己奔赴那广阔的农村，接受贫下中农的再教育。村子坐落在一片丘陵地貌当中，西边有一条小河流过，对岸是长春去哈尔滨的火车道。村子其实只离长春市五六十公里，相对于边远山区算是发达地区，但当时还是相当落后，没有通电，晚上用煤油灯，所有的农活都是靠双手来干。

　　当时的知青可以分成两类：去建设兵团的知青和插队落户的知青。前者有工资，过着部队一样的生活；插队落户的知青或者叫集体户的知青则是与农民同辛同酬，比起兵团知青收入少许多。当时富余的村子一年可以挣到几十元，贫穷的村子一年只能挣到几元钱，有的扣去口粮和柴火还欠村里的钱。记得头一个年终结算时，我第一次拿到自己辛苦劳动挣来的 67 元钱。就这样，我在那里度过了 16 岁到 19 岁的宝贵年华。

三耥

　　下乡不久就赶上给玉米地除草，老乡们称为"三耥"，玉米的成长期一共需要除三次草。一耥是在玉米苗长到四五寸高时进行，这时玉米苗和杂草混杂在一起，要用锄头尖小心地剔除杂草，同时松松苗周围的土。二耥是在玉米长到齐腰高时进行，三耥则是在玉米长得比人还高时进行。

　　与建设兵团的知青不同，我们是和从小吃苦耐劳的农民一起劳动，因此劳动量比起兵团知青要大得多。为了能跟上农民的劳动量，我们要克服种种困难，农民们称其为"过关"。第一关是体力关。东北农村地广人稀，为了在关键季节完成工作，村里所有能干活的人都要出动。天不亮，队长就敲钟叫醒全村人，大家统一吃饭，吃完饭后到达地头时天刚刚亮。我们每个人负责一条垄，边除草边往前走，一条垄有几里路长，从这头干到那头就到了中午。

头几天最为辛苦。第一天干完活回到家，浑身累得像散了架一样，躺在炕上动也不想动。第二天早上，浑身疼得爬不起来。第三天早上最困难，所有关节都痛得厉害，必须咬着牙才能从炕上爬起来。五天后，身体才开始适应。有一次，村里最壮的小伙因事休息了几天，回来第一天竟然落在了后面，这让我意识到，这样的劳动量无论是谁都需要几天时间来适应。

东北纬度高，白天约有十四个小时。我们天不亮就起来，一直干到天黑才收工。回来后还要进行一小时的政治学习，剩下的时间只有五六个小时可以睡觉。集体户里我年龄最小，其他人都比我大一两岁，体力上差了不少，因此我吃了不少苦。早上来到地头时，东边天际刚刚发白，老乡们称之为"鱼肚白"。有机会的话，可以看看鲫鱼肚子的颜色，这个比喻非常贴切。当我站在地头上，抬眼望去是一望无际的玉米地，心中默默祷告能顺利度过这一天。经常在休息时，我累得躺在垄沟里就睡着了。

每天干活时，汗水顾不上擦，掉在地上摔成八瓣，劳动极其繁重且枯燥乏味。有趣的是，每当有人从我们的视野中走过时，眼神好的人立刻会喊道："，快来看啊，那边过来的人是不是田家屯田老大家的二女儿？"于是，八卦娱乐就开始了。有人搭话："不像啊，好像是老孔家的三媳妇，结婚时我还去过。"另一个人答道："对对，我看像她。"大家就这样你一句我一句地八卦起来，从这个人聊到她的七大姑八大姨，有时还会争吵，直到那人走出视线。每当实在累得不行时，心里就盼望能不能有个人路过一下呀！经过了这段煎熬，我才学会不去想什么时候能干完，专心做好眼前的活，时间就会过得快很多。

第二关是手茧关。手握锄把时间长了，手上会磨出水泡和血泡。起泡后用针挑开，让脓或血流出，等待它自愈，因为还要继续干活，其他地方又会磨出新的泡。长在手指缝中的泡是最痛的。撕下死皮后，又有泡被磨出来，反复多次后手上才长出老茧，之后就不再出泡了。

第三关是挨晒关。那时候没有防晒油，也不懂得保护皮肤，大家都是光着膀子干活。白天晒上一天，晚上皮肤痛得像火烧一样，几天后皮肤会晒脱一层皮。晒脱两次后，皮肤变成了深褐色。还有一个情况是三耥时已经入秋，玉米长得比人还高，叶子边上的小刺会像锯条一样刺破手臂，所以必须穿长袖衣服。那时的天气叫做"秋老虎"，玉米地里密不透风，被火红的太阳烤得像个大蒸笼，我们就是在那样的情况下完成三耥的。

第四关是饭量关，这一关实际上与体力关紧密相关。每天早晨，村长都会吆喝："吃四碗饭啊！"那是冒尖的四碗玉米大碴子饭，大碴子就是将玉米碾碎成几块，比整粒玉米容易煮熟。碗是大碗，有现在餐馆汤面碗那么大，还要喝些放几滴油、大粒盐和爆葱花煮的汤。一开始吃不下那么多，只吃三碗就下地了，结果在离地头一百多米的时候，我忽然一点力气都没有了，还是一位女同学回头接我，才把剩下的活干完。这就是马拉松选手常说的"撞墙"，老乡们叫"耷拉了"。原来早上四碗饭的能量刚刚够挺到午饭，因为没有听从村长的忠告，结果在众人面前出丑了。从那以后，每天早上我都老老实实地吃下四大碗饭，以至于后来变得特别能吃。

这些经历让我深刻体会到"谁知盘中餐，粒粒皆辛苦"的含义。在后来的生活和工作中，我能一眼看出谁没有吃过苦，因此也理解他们的表现，同时感慨他们是多么幸运却不自知。遇到一点困难，不是发牢骚就是打退堂鼓，嘴里还有一大堆理由。

知青生活

　　知青的粮食直接从村里的公粮中分配，多数是玉米，还有少量的小米和面粉。主食主要是玉米面大饼子，集体户的女生们轮班做饭。由于她们不会用烧柴火的大锅做饭，我们不仅干活劳累，吃得也不好，大饼子常常不是夹生就是串烟，要不就是烧糊了。庆幸的是，我们还有吃的，而老乡们在春天的时候天天吃土豆。

　　下乡前，我是不吃肥肉的，因为一吃就恶心。下乡后一直没吃到肉，真是馋死了。春节前，老乡们开始杀猪，我亲眼看见怎样抓猪、杀猪、放血、去毛、灌肠等等。我们几个男知青凑钱买了几斤肉，当时女生们都已经回家过年去了，我们又不会做菜，就把猪肉直接扔进锅里用白水煮，没有佐料，只有几颗大粒盐。煮熟后用一个洗脸盆把肉盛出来，大家围上来抢着吃。说来也怪，这一次我一点都没有感觉恶心，只觉得太好吃了。从此以后，我就爱上了肥肉，虽然吃得不多，但就是喜欢这一口。后来我才知道，杀猪的前三个月，老乡们开始给猪改善伙食，把泔水换成黄豆。三个月下来，猪屁股上的膘就长到三指厚，这时的肉肥瘦相间最好吃。这是我有生以来吃到的最好吃的猪肉，这个纪录至今还没有打破。原因可能是那时的猪需要两年才长大的，而现在的食用猪生长期不到四个月。

集体户的新房在村子的最东边，门向南开在房子的中间。一进屋就是厨房，两边各有一个大圆底锅，北边墙角放着两口大水缸，一个装水，一个装酸白菜。左右各有一间大屋，男生住东边，女生住西边。新盖的房子墙里没有干透，冬天屋内非常冷，室内温度基本上和外边差不多，只是没有风。此外，新房的屋顶是瓦的，其实老乡家的草屋顶更暖和。记得一个好好的暖水瓶里面没水了，早上起来瓶塞给冻在了瓶上，打开一看，瓶底的一点水都结了冰。早上起来嘴边、胡子上、眉毛上都是霜。晚上睡觉要戴皮毛的帽子捂上耳朵，有一次忘记戴帽子，结果耳朵给冻肿了，痛了好几天才好。早上起来第一件事是烧一锅热水洗脸，当我们洗完脸，把洗脸巾拧干，挂起来后转身再去拿时，那洗脸巾已经冻成一块了。

　　有人会问，这么冷为什么没有冻死人？因为炕上一直都铺着被褥，所以被子是暖和的。不能让炕直接为屋子取暖，炕的热量来自一日三餐做饭时烧火的余热，虽然不足以使整个房间都热起来，但被褥却是暖乎乎的。入冬时我们从生产队分到了玉米秸秆，在房前堆了一个大堆，那是我们一年的柴火，用太多了夏天怎么烧火做饭啊。说起炕来我还真挺喜欢，劳累一天躺在炕上，热气不紧不慢地从下面传上来，非常解乏。

　　干活休息的时候，村长会喊"抽着了！"，大家都抽烟，所以休息就成了抽烟的时间。下乡没多久，一位同学发现，如果杵在那里休息，村长会立刻喝令干活，但如果停下来抽烟，就没事。为了能够休息一下，我也开始抽烟。首先将一张皱皱巴巴的破报纸撕成长条形，放上一小撮烟叶，仔细搓碎后再小心地卷起来，慢悠悠地点上火抽。我学着老乡的样子，眼睛眯着看向远方，好像在思考深奥的哲学问题。你别说，抽上几分钟烟还真挺舒服，这种生烟又呛又辣根本不能吸到肺里，吸进嘴里马上就得吐出来。农民抽烟袋锅就是这个方法，在嘴里吧唧一下就吐出来，只有抽洋烟时才能向肺里吸。

一封家书

虽然父亲工作繁忙，52 岁时才有了我，但是我们之间的沟通非常顺畅，在他面前我可以畅所欲言。与长辈们谈话多了，我也学会了他们的说话方式。不过现在让我讲的话又讲不出来，要有适当的语境我才会讲。记得一次去人家取东西，敲开门后那位伯母吃惊地打量着我，慢条斯理地说："电话中的人是你吗？听上去至少要有 70 多岁。"在家的时候，一有时间我就会陪父亲散步，谈论时事，聆听教诲。离开家之后，我一直保持着每月写一封信的习惯。遗憾的是我们的书信没有被保存下来，手上只找到下面这封家书。

小南，

　　来信收悉。参军机会已过，去不成算了，没有什么可惜的。当兵是锻炼，当农民也是锻炼。部队里出雷锋，农村里也出邢燕子。人要干什么，爱什么，不要站在这山看到那山高。广大农村，大有作为。你应该安心作下去，不要朝秦暮楚。

　　家中的粮不够吃。你若能领到高粱米和小米，有多少要多少。这两样都没有，弄30斤苞米面也行。其余的粮数可要粮票，以备有时购买主食用。

　　再谈，

父字

74.12.18

　　1974年7月，我下乡插队。同年11月，部队来公社招兵，我想报名参军，于是写信征求父亲的意见。父亲回信大力支持，他并没有因为自己是教授而希望我读书将来成为教授。他常说：行行出状元，不能以工作职称论人高低。中学教师就比大学教师低一等吗？然而，由于我当时年龄不到18岁，当兵的事最终没有成。

小南：

来信收悉。参军机会已过，去不成算了，没有什么可惜的。当兵是锻炼，当农民也是锻炼。部队里出雷锋，农村里也出邢燕子。人要干什么，爱什么，不要站在这山看到那山高。广大农村，大有作为。你应该安心住下去，不要翘秦暮楚。

家粮粮不够吃，你若能领到高粮米或小米，有多少要多少。这两样都没有，弄30斤包米面也行。买粮和粮数可要粮票，以备你临时的买主合之用。

再谈。

父字
74.12.18

40克书写纸 16×50 横格纸 长印 A.157 1974.9.

雷锋和邢燕子是当时树立的学习榜样

探访大姨

东北农民冬天的传统叫"猫冬"，因为没有什么活儿可以干，所以他们都躲在屋内守着热炕头。冬天的白天很短，一天只吃两顿饭，打打排九或者扑克牌之类的游戏。看到这种情景，我赶紧请假去探望很久没见的大姨，她们家被下放在黑龙江省德都县（今五大连池市）。

火车经过哈尔滨时，我下车在南岗转了一圈。当时，喇嘛台已经被拆除，秋林商店对面的药店还在，但里面的白俄老太太却不见了。我在秋林商店买了一瓶白酒带给姨父，又买了一个大黑列巴在路上吃。橱窗里的大香肠馋得我口水直流，思考再三还是没有舍得买。接下来，我继续坐火车一路驶向北安。那时的绿皮火车走得很慢，吭哧吭哧地在茫茫雪原中北上。从北安再转汽车去德都县，那里就是现在的五大连池市。那个时代还没有开发旅游，路上只是远远地望见了那些死火山头。

这是我第一次来到这么北的地方，没有想到会这么冷。在外面必须戴口罩，没有口罩保护，鼻尖一会儿就被冻白，如果不马上揉一下，鼻尖上的肉就会被冻掉。我的棉衣在吉林省零下30多度的寒冬中还可以，却完全抵挡不住零下40几度的严寒。棉衣被风打得透透的，感觉就像没穿衣服一样，冻得我先是起了一身鸡皮疙瘩，接着就是浑身哆嗦，到后来不打哆嗦了，全身开始发热，险些被冻死。几经周折，我终于遇见一个人，找到完全被厚厚的大雪遮盖的大姨家。看到我冻成那个样子，大姨赶紧让我上炕，忙着给我烧火做饭。大姨和母亲一样爱唱歌，边做饭边轻声哼着歌，动听的头腔共鸣一听就是专业歌手。

姨父见到我非常高兴，坐在炕上唠起家常。他说乡亲们对他们很好，他年纪大身体又不好，队长没有让他下地干活，而是安排他做些文笔和会计工作。越是偏远的地方人越好，大姨一家来到如此偏僻的地方，兴许是件好事。在大姨家只待了短短的两天，临行前，细心的姨父看到我的棉胶鞋不抗寒，找来靰鞡草放在鞋里。你别说，靰鞡草真的很暖和，回去的时候脚下暖和了许多，感觉也就不那么冷了。这次旅行让我亲身体会到了东北三宝——人参、貂皮、靰鞡草的意义。它们是在冰天雪

1975 年 1 月 13 日与大姨一家合照

地下赖以生存的必需品，路上的行人多数都是戴着皮帽子，穿着皮棉袄。

回来的那天早上，我们顶着寒风，在皑皑白雪上走了很远才来到一家照相馆，拍下了这张宝贵的照片。前排是大姨、小表弟和姨父，后排是二表哥和我。大姨还有三个女儿和一个大表哥当时不在家。可以看出，大姨是俄国人，她和母亲都是由姥爷姥姥领养的。照完相后，大姨找来了一辆拖拉机。我同他们一一告别，坐在拖拉机后面的爬犁上向远处的汽车站驶去。回头望去，在凛冽的寒风中，大姨他们一直伫立着，目送我直到消失在视线里。

修水库

过了年之后，上面又要搞工程，我们被派去修水库，任务是把水库的库底加深，坝顶加高。村长非常了解体力活的劳动量，事先就说了 35 岁以上的男劳力不用去。到了工地，我们才看到老乡们是如何搬运土块的。首先，他们刨开冻土层，露出未冻的土，然后用犁刀将土割成边长一米多的方块。三天后，土块冻成了二十多公分厚的大土块，用镐一搭就下来，每块重达二百多斤。两个壮汉负责将土块抬起，我们每个人头顶麻袋片钻到下面扛起土块，然后背到那十几米高的坝上。土块需要平躺在背上，主要用胯骨来承担重量，头被压在土块下面无法抬起。

在这之前，我从来没有扛过这么重的东西，还要爬上那很陡的大坝。第一次的时候，头几步不习惯，摇摇晃晃的，但很快我就掌握了平衡。还没高兴多久，随着大坝的高度增加，我的心跳变得越来越快。快到顶的时候，我开始撑不住了，每上一步，腿部的肌肉就开始不由自主地颤抖，那种非常高频的颤抖，心跳得好像要从嗓子眼里蹦出来，头也开始眩晕。要是放在现在，脑血管肯定崩了。最后，我咬着牙终于上去了。至今我还记得下来时的感觉，两条腿不听使唤，好像不是自己的了。一个星期后，水库的底越来越深，坝顶越来越高，干了一天下来，竟然一点问题都没有。这段经历告诉我，个人的潜能非常之大，可以达到原来完全无法想象的程度。

裸体教育

我们的知青车一进村，就被村里的小孩子们围住了。多数孩子都光着屁股，因为家里穷，他们没有衣服穿。由于营养不良，每个孩子都腆着个大肚子。人群中，还有裸露着乳房抱着孩子喂奶的年轻妈妈。从那时起，我开始慢慢习惯经常看见裸体的生活。

东北农村人的习惯是光着身子睡觉，全家人都睡在一个炕上。老乡们说光身子睡觉更暖和，这个说法当时让我心里很不是滋味，现在应该不会有这种说法了。最有趣的是，第二年村里刚刚装上电灯时，老乡们还没有挂窗帘的习惯，晚上路过时，屋里的人都是光着身子，老乡们称之为"大白条子"。

冬天没地方洗澡，身上长满了虱子。到了夏天，才能在村旁的水塘里洗澡。水塘的水一点都不清澈，里面还有不少鸭子和鹅。白天的时候，都是些小孩子和妈妈们去洗澡，见到我们从水塘边走过也不避讳。没有结婚的姑娘才穿着短裤，上身还是光着的。需要说明的是，等到天快黑了，男人们收工回来后，水塘就成了男人的洗澡地，没有男女混浴的情况。

总之，农村生活改变了我对裸体的观念。裸体不可耻，这是朴实无邪的人自然持有的心态。我喜欢农村姑娘的身材，因为从小就劳动，身子骨很直，有着结实的屁股和乳房，透着一股上帝赐予的美。城市里的美眉多是弱不禁风，有着水蛇腰和松软的前胸和屁股，虽然脸蛋化妆得挺好看。流行的健美身材又过于男子化，只有通过劳动锻炼出来的身材才是自然的美。

有趣的是，直到现在，仍然有很多人把裸体与可耻莫名其妙地联系在一起，新闻中还经常报道某地某民族的人裸体洗澡的情况。嗨，洗澡穿什么衣服啊，少见多怪！

老更倌

刚到村里时，集体户的房子还没盖好，女生分别住在老乡家里，男生则一起住在生产队的大屋里。大屋坐落在村子中央，是村里开会的地方，平时只有老更（念jing一声）倌住在那里。他当时四十出头，现在看来并不老，但我们当时才十七八岁，所以就叫他"老更倌"。更倌本来的意思是夜间巡逻的人，在这里指的是夜里给牲口喂草、管理牲口的人。村里的马厩就在大屋的西厢房，因为有家的不喜欢干这活儿，单身的他成了不二人选。

生产队大屋的窗框上没有玻璃，而是蒙着塑料布。屋内很暗，充满了柴火烟味。屋里虱子和跳蚤特别多，我的全身被咬得到处都是包，多数的包痒得被抓破，非常痛苦。村里人似乎对虱子和跳蚤有免疫力，没有人像我被咬成那样。当时什么都不懂，为了防止虫子咬，我直接把敌敌畏的粉末撒在炕席下面，现在想起来都觉得可怕，没有中毒实在是万幸。

集体户的房子盖好后，同学们都搬进了新房，只有我一人继续留在大屋里。虽然大屋里的虱子和跳蚤多，但炕总是烧得热乎乎的，比集体户暖和多了，而且这样方便我更好地向农民学习。每天晚上都能和村里的老人唠嗑。记得有一次聊到解放战争，老人说没有看到开枪放炮，但有通信兵骑马经过，一溜烟就过去了，那马肚子离地也就一尺高，听上去跑得一定是飞快，印象深刻。一开始我听不懂他们的歇后语，等到大家走了之后，我赶紧请教老更倌，结果常常把他逗得哈哈大笑，"这都不懂！？"

一天中午，我给牲口铡完草后，蹲在马厩墙边的阴凉里休息，旁边拴着的两头牛在卿卿我我，互相舔着脸和鼻子。不一会儿，公牛绕到母牛的后面，前腿一跳骑到了母牛身上。这时，旁边路过的老更倌冲我说道："它们是在玩呢！"我问他怎么知道的，他问我公牛的鸡巴出来几节（牛鞭皮上的褶皱）。我说三节，他说这种情况母牛不会怀孕，五节都出来才会怀孕，只有三节的话它们就是在玩。听到这里我好高兴，他已经认我这个学生了。后来看到有专家论述：人有性爱生活因为人是高等动物，动物的性行为只是为了繁衍。当时我心里就想，这样的专家确实需要到农村接受一下再教育。

小黑子

    小黑子是贫农老王的小儿子，我不知道他的全名。自从我们进村后，他就一直跟在我们后面，和村里很多其他孩子一样，穷得连衣服都穿不上，所以不能去上学。当时他大概有十一二岁吧，个头已经很高，看上去有些怪异。只是他下面没有长毛，说明他还是个孩子。由于营养不良和不洗澡，他全身皮肤又黑又粗糙，头发乱蓬蓬的，活像一个小野人。

    每天一大早，老更倌就起来烧火做饭，有节奏的拉风箱声和柴火的烟味会把我吵醒。这个时候天还没亮，小黑子就跑进大屋了。即使在零下三十多度的冬天，当其他孩子还在睡觉时，他早已光着身子，冒着寒风来到大屋帮老更倌干活了。这样他可以得到些吃的，赶上做豆腐时，还可以喝半碗鲜豆浆，吃点榨完黄豆油后的油渣饼。

在一个深夏的傍晚，蚊子和小咬特别多，走在外边时蚊子像一团黑云跟在周围。我正在吃晚饭，小黑子呼哧呼哧地跑过来找我，把我叫到一边，悄悄地告诉我有一匹母马就要生小马驹了，他可以带我去看。我放下没吃完的饭，戴上防蚊的帽子，匆匆忙忙地跟着他来到草甸子上。那时天已经黑了下来，只能利用西边天上的余光依稀看到母马的轮廓。我们不敢走得太近，生怕惊动了母马。不一会儿，小马驹的两条腿先从母马尾巴底下出来，然后整个小马驹就滑了出来。又过了一会儿，等到胎衣下来后我们才能离开。原来他是在帮老更倌照看母马，大概因为怕黑才叫上了我。不过，我还是感谢他，因为他让我学到了一些东西，之前我还不知道有胎衣这件事。再次看到胎盘是在我做父亲的时候，护士没有解释我也知道是怎么回事。

虽然没去上学，小黑子却很聪明，乐于助人。早上我没起来时，他不会来打扰我，没事时就如同猴子一般跳到炕上，安静地蹲在炕头的旮旯里。只要我的注意力在别处，他就不会过来打扰我。他从不乱动我的东西，对我的钢笔感兴趣时就小心地问我可不可以让他看看。值得一提的是，当时我的全部家当都放在一个木头箱子里，放在炕梢上没有上锁，生产队的大屋人来人往，却从来没有丢过东西。与小黑子的相识让我体验到人与人的相处可以如此和谐，至今记忆犹新。用老更倌的话说，小黑子有眼力见，你们这些城里来的差远了。转眼近半个世纪过去了，一直没有听到小黑子的消息，以他的勤劳和灵气，相信现在过得一定很好。

看青

第二个秋天，村长派给我一个好差事——看青。东北的农村地多人少，但由于多数的粮食都交了公粮，老乡们没有足够的粮食吃，因此出现了偷粮的现象。老乡们说，没有肚皮哪有脸啊！村长不得不用两个劳动力来看护还没有收回来的粮食，这个活儿叫看青。看青只需要晚上在村子附近巡逻，以防有人来偷庄稼，不用白天下地干活。

虽然在城里习惯走平道，但我很快就适应了坑坑洼洼的土路，在伸手不见五指的夜里也可以箭步如飞地行走。一个漆黑的夜晚，我要走过一段狭窄的田间小道，两边都是比人还高的苞米地。我壮起胆子钻了进去，大步流星地走了起来。干黄的苞米叶子打在我身上唰唰直响。正当我走得来劲的时候，突然身边哗啦一下站起一个人来，吓得我浑身汗毛都竖了起来。因为走得太快，我蹿出去了两步才停住。说时迟那时快，我一个急转身，举起手中的扎枪，像小狗见了生人一样，竖起丹田之气大吼一声："谁！"

在那微弱的星光下，我模模糊糊地看到一个人影颤颤巍巍地站在那里。仔细一看，他双手还提着裤子，看来是正在道边方便。咳！如果他蹲在那里不动，我就走过去了，他这一站起来可把我吓得够呛。看他支支吾吾的样子不像在偷庄稼，我就转身继续走起来，出了苞米地后，一阵清风迎面吹来，我这才从刚才的惊吓中缓过神来。哎呀！他一定是没有来得及揩腚啊！

村长有时候会来检查，所以我只能躲在外边睡觉。哪里村长找不到我呢？河套子地那里有很多坟堆子，没有人夜里敢去那里，所以我常常躲到那里去睡觉。白天时不时还会到邻村的瓜地去蹭两个香瓜吃，或者去附近的集体户探望同学。十八岁生日那天，我溜到十多里外的镇上，在饭馆里买了一盘韭菜炒鸡蛋，没有干粮，空嘴把那盘鸡蛋转眼之间就吃了下去。已经好久没吃到鸡蛋了，太好吃了。

晚上回到村里，吃完饭后，我不想去抓那些偷粮食的乡亲们，绕个弯就去了河套子地，和衣仰面躺在苞米秸堆上瞭望星空。周围青蛙和蝈蝈在大声地叫着，秋天的夜空星光闪烁，银河五彩斑斓，分外清晰。不知道是因为那时眼力好呢还是空气没有污染，后来就再也没有看到过那么美丽的银河。天上不时有流星划过，真的好美啊！猎户座的三星从东边冉冉升起，要等到过顶之后天才会破亮。思绪不由自主地天马行空起来，如果回城当一个工人该有多好呀！这是属于我们那一代人才有的青春梦想。

77 年高考

　　下乡近三年后，1976 年冬天，我如愿以偿回到了城里。集体户的所有男生一起被调回长春市做建筑工人，我被安排在省建第二公司木工厂工作。每天上班来回骑车两个多小时，每月工资 16 元半，这对我来说已经非常知足。然而，高兴没多久，我才了解到省建的年轻人多数都是困难户，因为工作无定所而找不到对象，没有姑娘愿意嫁给常年不在家的人。公司的人事部只进不出，进来了就别想出去。退休后的第一件事是回长春探亲。当年的同学很多依然从事建筑工作。

　　民国时期，像我父亲那样的农村青年都可以考大学，而我只能当一名工人，感到没有希望，百无聊赖，业余时间就看看小说。师大子弟之间有传阅书籍的风气，我很小的时候就开始读书，翻遍家中的书之后又到外面去换书。我的《红与黑》换你的《安娜·卡列琳娜》，在这个时期我阅读了大量的杂书。那个时候还没有网络，阅读帮助我更好地认识这个世界，了解来自不同文化和背景的人以及他们的人生。阅读陶冶情操，提高文学素养和写作水平，丰富知识，增长见识，增强脑力，提高记忆力。

1977年夏天的一天，恢复高考的消息突然传开，大家纷纷奔走相告。不论出身和政治表现都可以考大学，心中的愉悦无以言表。已经有十年没有按照考试成绩招生，所有中学毕业生都可以报名。我开始匆忙准备，当时学业已经荒废了三年多，又没有复习材料，只能仓促复习一些可以找到的资料。报考哪个学校和专业呢？中学里最喜欢的是物理课，大姑家的大表哥毕业于北大物理系，所以我也报考了北大物理系。

冬天，我顺利通过电工考试，从学徒工转正。正式工资还没有拿到，高考成绩就下来了，我被北大物理系录取。据说那年省直机关中建筑公司升学率最高，因为这是离开公司的唯一途径。我的一个学习很好的同学根本没有报考，原因是他当时在市委办公室里上班。能考上北京大学物理系是因为相对来说成绩不错，其实那个时候学业都荒废了多年，做梦都没有想到还能考上大学，更没有想到后来能去美国留学。

　　临行前，父亲认真地叮嘱我不要计划毕业后回长春，应该去外面闯一闯，靠自己本事生活。外边广播中传来《祝酒歌》的歌声，多年来的压抑终于得以释放，内心的激动难以言表，心中充满了对未来的向往。

工作与直觉

从事芯片设计工作三十三年，积累了丰富的经验。例如，在摩托罗拉的双极电子管工艺上，我设计过超级计算机主机芯片；在多家日本公司的 BiCMOS 工艺上，我设计了存储器；在 IBM、韩国现代和意法半导体（ST Micro electronics）的工艺上，我设计了 CPU；在台积电的工艺上，我设计了 GPU；在中芯国际和多个国内公司的芯片工艺上，我设计了 IP 电路。最后的十一年，在台积电芯片工艺上设计手机芯片。总共发表了二十篇专业论文，拥有二十多项发明专利。学习与工作中既有理性也有感性两个方面，而且感性的直觉非常重要，下面我将对此进行讨论。

专业选择

1978 年早春二月，作为"文革"后第一批通过考试入学的大学生，我来到了北京大学物理系。不久之后，我听说有同学被选派出国留学，吃惊地发现北大的能人大有人在。好几位同学在阅读英文教材，有人甚至已经学完了量子力学。回想起来，我之前仅正正规规地读了三年小学和两年中学，在农村生活了六年，还当了一年建筑工人，基础极为薄弱，文学底子几乎为零，这大概是我们这一代人的普遍现象。另外，一点英语都不会，只学过两年俄语。然而，我也想出国读博士，增长知识和见识，因此开始发奋学习，经过三年的追赶，终于赶上了进度。

四年级开始分专业，父亲没有过问我的专业选择问题。我找到章立源老师咨询，听说我对理论物理感兴趣，他推荐我去请教他的同学方励之。方老师当时是中国科技大学校长，我立刻写信给方老师，并很快得到回复。在信中，方老师积极鼓励我学习理论物理。那个时候，李政道和杨振宁的大名早已家喻户晓，让我觉得自己将要投身最具挑战的前沿科学。于是，我选择了理论物理专业，期末考试成绩还不错，当时自我感觉相当好。

暑假期间，岳父正巧从美国回来路过北京。他是受西南联大同学张守廉教授邀请，在纽约石溪分校电机系讲学归来。向岳父咨询专业一事，他立刻建议我选择半导体专业。当时，我对半导体知之甚少，虽然这与我的初衷相悖，但直觉告诉我要认真考虑这个建议。思考再三，我意识到理论方面的强人不少，而我的动手能力不差。第二天一早，我就去系里把专业改成了半导体物理。后来，半导体产业蓬勃发展，工作一直极具挑战性，直至退休都没有遇到改行的麻烦，现在回头看，当时的选择还是相当明智的。

接下来，1981 年底，我获得了明尼苏达州立大学电机系的录取，同时在阿德特·范德齐尔（Aldert Van Der Ziel）教授的实验室里获得了一份助学金工作。1981 年 12 月 23 日，平生第一次坐飞机，我带着仅有的 20 美元抵达美国明尼阿波利斯。记得飞机经过上海时心里还有些小激动，这是我到过的地球最南方，之前最南到过的地方是北京。那个时代没有互联网，对外面的世界了解甚微，初来乍到，大开眼界，一切都是那么的新鲜。

谈谈方法

入学后，我便开始在导师的实验室里从事测量工作。让我惊讶的是，实验室里竟然没有一本供新人参考的测量手册。于是，我只能虚心向几位学长请教，在实践中边学边做。虽然大家都很重视学习方法，但有趣的是，多数人对做事方法并不重视。学习方法可以通过学习获得，而做事方法则需要自己实践并总结出来。实验室里曾经接待过来自世界各地的几百名研究生，但竟然没有一个人写出一本测量手册，这说明大多数学习工程的人对做事的方法不够重视。于是，我仔细整理了测量方法，编成了一本手册。范德齐尔教授看到后非常喜欢，原本打算通过修课来完成硕士学位，结果改用这本手册作为硕士论文。

学习讲究方法，干活讲究方法，工作也讲究方法，连思考也讲究方法。古代故事《轮扁斫轮》中，一个名叫轮扁的工匠劝诫正在看书的齐桓公说，书是古人留下的糟粕。齐桓公听后大怒，要求他解释，否则将处死他。轮扁解释说，他的观点源自自己的体会，自己长期实践所获得的领悟即使教给儿子也只能是糟粕。这里需要补充的是，虽然经验与领悟难以传承，但方法还是可以传授的。

接下来的博士论文也与方法有关，是关于测量数据的分析方法，用来解决分析数据时遇到的问题。这个题目不是导师给的，而是我自己提出的。范德齐尔教授看后赞赏有加，立即将文章投给了最具权威的学术杂志。后续工作由几位学弟继续，他们也因此拿到了学位。虽然电机系的奖学金不如物理系丰厚，但通过勤工俭学，我在两年内拿到了硕士学位，又用一年半时间在 1985 年 6 月提前毕业，并于 1986 年初通过了博士论文答辩，总共发表了 7 篇学术论文。

我的第一份工作是做集成电路设计。工作五年后，积累了足够的经验，我才写出第一版设计方法导论《Design Guidelines and Methodologies》，简称《方法论》。目的是通过总结经验制定规则与方法，确保设计的一次性成功。《方法论》在大型设计项目中起着至关重要的作用，没有规则和方法的团队无法保证一次性成功。博士论文只写了半年，而第一版《方法论》却花了五年的时间，做事比博士学业难多了。多数工程师从来没有写过《方法论》，因此对于那些规则只知其然而不知其所以然。只有当自己写《方法论》时，才会真正懂得其中的道理，知道自己真正掌握了什么，水平在哪里，不足在何处。

《方法论》这类文章不能发表在杂志上，因为业界普遍忽视做事的方法，也没有像专利那样的法律保护。但这并不意味着方法论不重要，相反，方法论非常重要。高级工程师要耐得住寂寞，如果大家都一样明白，就没有高级工程师了。退休前在高通，我仍然看到几十年前的设计错误重复出现，年轻的工程师重复着老一辈工程师所犯过的错误，其实这些错误完全可以通过实行《方法论》来避免。在美国的高科技公司里也普遍不重视方法，这与文化和教育有着莫大关系。

小时候父亲教我打下手，让我懂得了方法的重要性。特别是在知识唾手可得的今天，方法比知识更为重要。重视方法让我顺利地获得了硕士和博士学位，并在后来的工作中迅速成为高级工程师、经理和技术专家，在生活中也获得了诸多好处，受益终生。

十年创业

1986 年，我开始设计 Bipolar 存储电路。1987 年，全家从明州迁至坐落在南加州的美丽海滨城市圣地亚哥。1988 年，一家创业公司与日本公司合作开发 BiCMOS 工艺，计划设计 SRAM 存储芯片，正在寻找一位设计工程师。一位年长的同事将我介绍给了那家公司的老板，面试后他们马上录用了我。上班后才知道，整个芯片的设计由我一人负责。如今的工程师可能难以想象，在 20 世纪 80 年代，芯片研发可以由一人包揽。我需要精通半导体工艺、器件物理、晶体管工作原理、器件模型、模拟仿真、线路设计、逻辑设计、布线画图、IO 设计、静电防护、芯片封装、测试设计、良率提高等方方面面，还要自己编写程序。这些工作现在早已被细化，分属于几家大公司几十个部门上千个工程师的职责。

两年后，产品成功运行，但工艺遇到良率问题，最终项目以失败告终。这次失败给我上了一堂生动的现实课，对我后来的做事观念有着深远影响。BiCMOS 工艺虽然比 CMOS 有许多技术优势，却不如 CMOS 简单。简单工艺良率高，才有市场竞争力，后来的事实证明，CMOS 一直称霸至今。我意识到，复杂花哨的技术可以获得风投，但未必能够取得商业成功，简单务实才是制胜法宝。

那个时期，日本的半导体工业正在快速发展，虽然在芯片生产工艺上赶超美国，但在设计方面依然亟待获得美国的"Know How"，这是当时日本企业所推崇的时尚词汇。公司资金出现问题后，我开始做外包设计。1990 年冬天，我代表公司去日本奈良做设计投标，同时做报告的还有另外三家美国公司。见到日方主管时，我发现他的英文语速很慢，一个单字一个单字地往外蹦，所以作报告时我刻意放慢了语速。听完所有报告后，同我握手时那位主管称赞道："你的英语很好！"其他讲员都是美国人，我知道他听懂了我的报告。

接下来，我告诉他非常抱歉不能共进晚餐，因为要赶飞机回美国。他马上说会安排车送我去机场。站在门口等车时，我以为来的是一辆出租车，没想到竟然来了一部加长黑色轿车，公司的司机一身笔挺的黑西装，还戴着白手套。车子风驰般地驶向大阪机场，轿车内安静宽敞舒适，我知道项目拿下来了。回到公司后，果然老板高兴地走过来告诉我项目拿了下来。那时的日本公司超级有钱，设计费是我工资的好几十倍，足够维持公司运转半年。可惜最后公司还是不幸倒闭，两年多的努力以失败告终。

就在这个时候，附近一家创业公司 Metaflow 获得了 2600 万美元的融资，计划组建芯片设计团队，自行设计和生产 RISC CPU 芯片。之前他们只进行 CPU 架构和逻辑设计，因此急需找到一个懂得芯片电路设计的主管。就在这个关键时刻，我遇到了职业生涯中的另一位贵人——一位比我年长十几岁的美国同事。他恰巧是那家公司 CEO 的好友，两年多的共事使他对我赞赏有加。虽然当时我才 33 岁，与他有代沟且没有 CPU 设计经验，但他却认定我能够胜此重任，并积极推荐了我。

在顺利通过面试后，我被破格录用为主管 CPU 物理设计的经理，一跃进入公司领导层，从此开始了新的 CPU 创业历程。

CPU 架构最早来自 8 位和 16 位控制器，相对大型计算机来说比较简单。Metaflow 架构则是将大型计算机中使用的算法实现于 CPU 上，所以理论上运算速度应有显著提高。新的架构相当复杂，每天我都要同架构师们讨论设计细节，根据他们的构思设计出全新的集成电路。整个芯片设计，从整体方案到关键电路，都是由我主导。我发现新的 CPU 对连线要求很高，而当时的芯片工艺只有两层金属，至少需要三层金属才行。就这样，一切都从头开始：寻找最新的三层金属芯片厂商，组建团队，设计电路，搭建平台，开发自动化流程和设计验证流程等一系列工作。

CPU 设计是一个非常复杂的工程，尽管体积小，但包含了各种复杂的系统。在各个方面，我们都遇到了前所未有的挑战。我们需要最快的计算机、最大的容量和最新的软件，所有设计软硬件都要采用最先进的。如果市场上没有现成的，我们还要寻求合作开发。简单地说，除了设计和工艺的挑战，所有工作都需要用最先进和最好的技术来完成。

在克服重重困难的四年之后，1995 年芯片回来后成功运行。此期间工作站计算机 CPU 正在从 32 位平台向 64 位平台转型，我们的 32 位 CPU 速度优势正巧可以延长 32 位 CPU 平台寿命。非常不幸的是这一次又是因为芯片良率问题而无法量产，错失了宝贵的市场窗口，项目不得不以失败告终。

这次努力距离成功只有一步之遥，实在令人惋惜。当时我们的目标是成为下一个 Sun Microsystems。接下来，公司不得不再次融资。CPU 是最先进、最复杂的芯片，也是最赚钱的芯片，所以有大量的风投资金流向 CPU 研发。当时全世界总共有七家 CPU 创业公司，而我们是唯一一家设计出成功运行的芯片。这一成就主要归功于我，与我务实的工作风格紧密相关。譬如，从架构方案一开始我就参与讨论，并根据电路设计的可行性做出取舍与定夺。

由于手上有成功的 CPU 芯片，在新一轮的融资中我们脱颖而出，顺利获得了 5700 万美元的投资，开始了新一轮更加复杂的 64 位 CISC CPU 设计，这次的目标是超越英特尔。

合作公司虽然有许多管理人才，但都没有相关经验。最终决定由我来担任项目管理，同时负责芯片设计。参与设计的团队与合作公司遍布世界各地。当时，工艺开发和芯片设计是同步进行的，芯片研发部门仍然处于闭门造车的状态。试验芯片上只有不同器件和简单线路，没有考虑芯片整体的需求。见此情况，我主持设计了一款优化整体设计的试验芯片。结果出来后，在法国的总结报告会上，我赢得了全场热烈的掌声，这个方法后来被正式纳入下一代工艺开发流程。

遗憾的是，芯片回来后再次未能进入量产，原因是多方面的。尽管十年的努力付诸东流，我个人还是收获颇丰，积累了丰富的知识与经验。八千多万美元的投资和十多年的研发在我的脑海里形成了一笔无形的财富。尽管创业的工作困难重重，经常每天连续工作 16 小时，但当时丝毫没有觉得辛苦。十年时光转眼即逝，许多同事后来还提起那段快乐的时光。

现在回头来看，当初的计划是开发世界最先进的 CPU，目标越大，失败的概率也越大。尽力了也就无悔了，毕竟成功的人是极少数。这个项目最大限度地挖掘了我的潜能，使我掌握了大量广泛的知识，一段极其珍贵的人生经历。在这十年里，我只申请了一个专利，也没有时间写专业文章。新闻就靠上班路上在车里听广播，全部时间和精力都花在了工作上。后来重新开始阅读报纸后，我发现所有的新闻不过是换了场景和人名，所反映的人性没有任何改变，少看十年报纸并没有失去什么。

公司最后被全盘收购，来接管技术的总监与我朝夕共事了一个多月。他的所有问题我都对答如流，连我自己都感到惊讶，脑子里竟然装了那么多的数据与知识。因此，他也对我佩服得五体投地。

之后，CEO 离职，我也开始寻找新的工作。很快地，就有三家公司邀请我加入。英伟达的职位是设计经理，另一家大公司的职位更高，需要管理很大的设计团队，还有一家刚成立的小公司，职位最高，股票也最多。在得知英伟达要我之后，大公司的老板给出了中肯的建议，他指出小公司即便上市，收入也不会比大公司的高管多，而且工作会更忙。考虑再三，我决定选择职位最低的英伟达，原因有三：一、工作多年没有设计一款成功运用于消费者手中的芯片，去英伟达可以实现这个成就感，同时获得量产经验；二、虽然我管理工作做得很好，但我更喜欢技术工作；三、加入那家小公司，职位听上去特别好听，但成功的几率并不乐观。就这样，在1999年1月底，我加入了刚刚上市的英伟达。

成功的代价

在英伟达面试时，我不巧没能见到 CEO 黄仁勋（Jensen Huang）。转年 1999 年 1 月初，我去旧金山参加会议，Jensen 听说后请我共进晚餐，实际上是做最后的把关。那是一家门面不大也不起眼的日本餐馆，没想到料理却相当地道。那个晚上我们谈了很久，我详细地介绍了我的工作，他详细地介绍了英伟达。接下来他说："小南，你知道吗，公司马上就要上市了，估计明年的律师费要在一百万美元左右。"看到我非常惊讶的样子，他补充道："这就是成功的代价，没上市的时候没人起诉我们。"听到"我们"这个词之后，我非常高兴，知道面试已经通过。

做集成电路设计最出成果的时期是在工作 10 年之后，这个时候经验、能力和精力都是最佳的。1999 年 1 月 22

日英伟达上市，一周之后我报到上班。Jensen 挖掘到了我的知识宝藏，厚积薄发，多年来的技术与经验储备得以充分发挥。首先，我帮助公司解决了功耗过高的问题，接着重新设计了出现问题的图像存储部分，之后又为公司解决了许多技术难题，还成功地挽救过价值上千万美元的问题芯片，在英伟达的早期成长中做出了贡献。

后来我才知道，那家不起眼的日本餐馆是 Jensen 的御用餐厅。当时心想，他这个 CEO 做得可真美，可以经常品尝那里的佳肴。那个时候家还没有搬来，一天晚上我心血来潮自己去了那家日本餐馆。上次光顾谈话，没有好好地品尝。结果却让我大失所望，碰了一鼻子灰，狼狈地被一碗汤面给打发了。原来他们只服务常客，厨师做什么吃什么，日文叫"Omakase"，一餐下来至少要一百多美元。

那时的公司只有两百多人，周一至周六提供工作晚餐。有一次在餐厅里看到一个壮汉在那里独自用餐，看起来不像是个工程师，出于好奇我就过去搭讪。言谈中得知他是新来的安保，而且此人来头还不小，曾经做过福特总统的贴身保镖。他突然抬头警惕地环视了一下说道："你知道吗，统计上说 4% 的人是罪犯，这里至少就有两个。"听到这话，我惊得不知该说什么好。第二天打听之下才知道，原来一个捣蛋员工刚被 Jensen 开除，那人是退伍军人，临走前说了些狠话。一定是出于安全考量才雇来这位保镖。当时我心想，这个 CEO 不当也罢，工作压力巨大不说，还要这样担惊受怕，不值。

不久后，公司签了一个大合同，高兴之余 Jensen 通过邮件向全体员工告知了这一好消息。大家都预测公司股票要大涨，第二天很多同事自掏腰包狂买股票。没过多久，联邦调查局找上门来。Jensen 得罪了不该得罪的人，结果近二十名同事遭到起诉，公司不得不立即将他们解雇，他们也因此与百万富翁失之交臂。这对公司是一个不小的打击，严重影响了产品开发。还好我没有参与炒股，否则一定也会遭殃。后来才得知，实际上有更多的人炒股，调查局专门找那些有不认罪倾向的人起诉，结果他们律师费花得越多，罪状越严重，有的到后来连房子都搭了进去。接下来的两年里，隔三岔五 Jensen 就要去法院出庭作证，十几个人的官司他都要到场，虽然自己没有被起诉，却被搞得狼狈不堪。

不知现在情况如何，那时候 Jensen 坚持和我们一样在开放的工作区办公。即使工作到半夜，也常常能见到他还在忙碌。他的目标是超越英特尔并将其收购，而且不止一次地向我们提起这个目标。当时，他的语气听上去似乎几年内就能实现。20 多年后，英伟达的市值终于超过了英特尔，最近更是远超英特尔，这是一个可喜可贺的成就。

公司有一台非常好的乒乓球桌，是 Jensen 从家里搬来的，放在餐厅的一角供大家使用。在紧张忙碌的工作之余，能够在公司里打乒乓球真是一种享受，这要感谢 Jensen。虽然他是乒乓球高手，但我从未见过他打球。他不屑于和我们对战，说我们都不是他的对手。我想，真正的原因是他太忙了。

那天在日本餐馆里，他说了一句非常对的话：成功是有代价的。

在做上下功夫

2003 年底，我偶然结识了戴伟民博士。他力邀我担任芯原微电子（Verisilicon）的首席技术官（CTO），公司的设计部门设在上海浦东。正巧那时我也在考虑如何为国内发展做些贡献，于是欣然接受了他的邀请。当时公司只有不到 50 名员工，如今已经发展到上千人，并在 2020 年成功上市。

接触到国内的年轻工程师后，我发现了一个普遍的弱点，即缺乏对动手能力的重视。工程师需要具备多方面的素质，其中动手能力最为重要。许多年轻工程师只注重理论功夫，却忽视了实践操作。即使有些知道动手的重要性，也不知道如何去努力。集成电路设计是一个知识门槛高的行业，学校里的时间大多用来学习理论知识，多数工程师拥有硕士或博士学位。虽然他们在学校里已经设计过电路，但学术上的设计不同于工程上的设计。学术设计只需工作良好，而工程设计则需要具备商业化水平，需要优化到最小面积、最低功耗、最快速度和最高良率，否则产品将失去竞争力。虽然知识重要，但在工作之后，能力更为关键，而能力只能通过实践来提高。总而言之，做工程师光懂理论还不够，必须在实践上下功夫。

有些年轻工程师工作几年后就觉得自己什么都懂了。他们可能只用过一个电路或一种设计方法，不知道换一种电路或设计方法会有怎样的结果，更不知道芯片工艺上的漂移会引发什么问题。我的工作经验积累大约历时十年，作为设计主管，我有机会审查来自世界各地不同工程师设计的各种电路。即便如此，许多观点和理念直到十多年后才趋于成熟。设计工程师必须具备创造力，但实际上，创造只需很少的时间，大多数时间花在具体执行上。如果只热衷于创作而不在实践上下功夫，产品肯定会出问题。我见到过太多好想法和好设计因执行不力而失败。

由于学校缺乏系统学习的训练，很多学生满足于掌握知识点，缺乏对系统学习的了解。没有系统学习经验的人容易变得骄傲自满，了解一点东西就沾沾自喜，掌握几个技巧就以为掌握了一门技能，懂得几个知识点就以为掌握了一门科学。有系统学习经验的人绝不会满足于局部知识，他们渴望了解其他相关知识，知道系统地掌握一门知识的难度。这样的人自然非常谦虚，因为他们明白所谓全面是相对的、无止境的，他们对知识的局限性有清醒的认识。总之，切忌浮躁，一定要在实践上下功夫

很多公司的面试问题像研究生的考题，这说明他们崇尚书本聪明，而不重视动手能力。我的面试问题不会是理论问题或自己熟悉的问题，因为那样无法发现对方的实际能力，只能让自己显得肤浅。通常我会要求面试者描述所做的工作，包括各种参数，如面积、功耗、频率等，这样就能看出工程师的水平。这个方法非常有效，优秀的工程师对数据了如指掌，而有些人的表现却让人非常失望，他们记不住任何数据。工程师必须具备一个基本的素质，熟记关键数据，俗话叫心中有数。这是如此简单的要求，许多人竟然做不到，说明学校严重缺乏这方面的训练。中药房的人抓一捏草药就知道几分几钱，卖鱼的瞅一眼就知道几斤几两，打毛衣的打量一眼就知道需要多少毛线，瓦匠丈量一下就知道要用多少块砖。读了 20 年书却做不到心中有数，只能说明教育严重脱离实际。

职业价值观

　　要成为一名优秀的工程师，必须形成自己的观点，这种观点可以称之为职业价值观。做事时，随时思考的习惯非常重要。例如，设计时要考虑什么是好的设计，验证时要考虑什么是好的验证，优化时要考虑什么是好的优化等等。有趣的是，在面试中问及这类问题时，大多数人显得非常诧异，因为他们从未思考过这些问题。这种情况让我非常惋惜，因为没有观点就意味着工作稀里糊涂。

　　具体的观点因人而异，重要的是要有自己的观点。有观点总比没有观点好，而且好很多。拥有观点说明你曾经进行过思考，遇到不同观点时能够进行比较和修正。随着经历的增长，观点自然会日趋成熟，最终形成比较全面的价值观。有观点的人会更加自信，因为观点是来自亲身体验与思考。即使再聪明的人，如果没有经验，也不会有过来人的观点。

　　职业价值观涵盖所有的工作内容，诸如什么是好的方法，什么是好的布局，什么是好的摆线，什么是好的软件工具等等。举例来说，设计电路时就要思考什么是好的电路。一开始，我以为原理精妙标新立异就是好电路，最好还能有个专利。主管设计多年后，我见过许多完全不同的电路，有些真的让人脑洞大开。然而，电路如同人一样没有完美的。有些电路速度快但对工艺变化敏感，有些对电压变化敏感，有些优化困难，有些验证繁琐，有些检测麻烦，有些稳定性不够。究竟什么是好电路，经过反复不断地思考与探索，很多年之后我才形成了比较全面的观点与认知。

瞎猫抓活耗子

　　没有担任过高层领导职务，只做过技术管理工作，主要从事最先进的技术开发。这里分享一个对我比较有用的理念——抓大方向，不做微观管理。这样可以充分发挥每个人的积极性，促成尖端性的突破。如果深入抓细节，多数情况下是费力不讨好；如果领导不去思考全局而只关注细节，结果常常不尽如人意。这个理念一直都很管用，而且多次突破都是在放开微观管理之后实现的。每当遇到这种情况时，我都会开心很久，心想"瞎猫又抓到了活耗子"。总之，方向非常重要，方向对了，瞎猫不仅会碰到死耗子，有时还能抓到活耗子。

　　有许多课程传授领导艺术，主要讲如何对外管理，很少提到对自身有什么要求。这里介绍一个我喜欢的要求。由于工作关系，我不仅需要做公司的技术决策，还有幸参与几次半导体业界的重要技术决策。决策的影响深远，那么，如何做好决策呢？答案是理性一些。

从读研开始，每年我都会买警句日历，这样既可以学习英语，又能获得启发，遇到喜欢的警句就会留下来。1996 年，我看到了一条非常喜欢的警句，就一直将其挂在办公室的墙上。分享在这里仅供参考：

领导的秘密

不要想我如何做得更好

不要想我如何与众不同

只想这件事应该怎样做

不要小瞧这个领导的秘密，多数人做不好。前面两条是说不要想"我如何如何"，要集思广益，不要自以为是。很多领导认为主意要自己拿，其实这是大错特错，领导的责任是抓大方向，找到最佳方案。另一个倾向是要与众不同，其实新设计往往会导致项目时间延长、研发经费增加，并且会遇到意想不到的困难。如果真的有所不同，那是因为确实需要这样做。曾经有一位工程师为了将自己的专利实施在最新的设计中而耽搁规划，导致整个项目受到严重影响。简而言之，这条领导的秘密是说，领导在思考问题时要多些理性，少些感性，要学会把个人情感放在一边。

做事的乐趣

　　人生四大乐事：久旱逢甘霖，他乡遇故知，洞房花烛夜，金榜题名时。这些是在下乡时从农民那里学到的道理。此外，还有"自得其乐"、"知足常乐"和"助人为乐"。"知之者不如好知者，好知者不如乐知者。"获得知识也是人生的一大乐事。如果工作只是为了赚钱，不但做不好，心情也不会愉快。如果把工作当作心性的成长，不仅能做好，心情也会愉快。希望现在的年轻人在工作中勇于面对挑战，寻找乐趣，收获成长，成为一个乐知者。

　　成为高级工程师需要乐于教人。教人也是提高自己的过程。只有对所学有着全面深刻的理解，才能深入浅出地讲出来。常常感觉教别人时，自己变得更加明白。曾经有人好奇地问我父亲是干什么的，听说是教授后就笑了，说了句"怪不得"。很多人不愿意也不善于教人，认为那是砸自己的饭碗。其实不然，如果不把工作教给别人去做，自己怎么能去做更具挑战的工作呢？挑战性的工作多是复杂的、系统的，做的时候需要方法和原则，但学校不教这些东西，必须通过持续不断的实践、失败、总结、修改和验证才能成为高手。

成为高级工程师还要善于积累和总结经验，这是掌握任何技能的唯一方法。在前期经验积累阶段，应该如何努力呢？要勇于承担挑战性的工作，还要边工作边思考，这样经验才能在日后有所作用。有的人几个月前的工作都记不住，说自己记忆力不好，其实是没有用心思考做事的习惯。经验积累不起来的话，有多少年的工龄都没用，不会有很大进步。这里还需要特别说明的是，理论也很重要，但对于年轻的工程师来说，经验积累更为重要，因为理论从小学到工作已经学习了 20 年，而经验才刚刚开始。

有人说，理性做事，感性做人。此话不妥，值得商榷。做事也有感性的一部分，而且忽略感性部分事情是做不好的。比如，用心做事就是感性的，心不在焉怎么可能做好事情。有一位熟人曾经认真地问我，干吗干什么事都那么用心，累不累啊？我当时笑着回答说：一点都不累。在这里还要补充一下，不但不累而且还很快乐。

用心做事有一种自我成长的喜悦，过程中难免遇到各种各样的困难，也有许多尴尬滑稽，有时甚至惨不忍睹，更不乏受到犀利批评。

有人说我是完美主义者，我倒是认为自己是一个尽力主义者。没有人是完美的，也没有事情是完美的，尽力就好，问心无愧。尽力了就不会被失误批评所烦恼，虽然很累但是也有许多可笑滑稽。有句话说得好，想都是问题，做都是答案。瞻前顾后怕这怕那不敢去做具有挑战性的工作，无法获得做事的乐趣，也学不会怎样做好事情。当然，我也见过抓住错误不放的老板，而且这样的老板还不在少数。做事就难免出错，做得越多出错的概率也越大，找出原因、接受教训、避免再次发生才是最重要的。在近三十多年的管理工作当中，我一直都秉持这种态度，积极鼓励年轻人多做事情。

做事的智慧

何为智慧？众说纷纭。做事的智慧究竟是什么呢？

做事的智慧就是对事情全面深入地观察思考之后所获得的领悟。

智慧是一个实践概念，是通过"做"后反思出来的，而不是"遐想"出来的。专注于书本知识是不会生成智慧的，必须积累实践经验，这不是"经历过的"经验，而是"反思过的"经验。那么，反思什么呢？反思工作中的方方面面。

刚开始工作的几年，每年我都有专利申请，当时计划每年至少拿到一个专利。那个时候，申请专利公司会发奖金，专利批准后还能获得一千美元的奖励，这对于我来说是个不小的数目。见我如此热衷于专利申请，一位台湾学长指点我说，专利属于现在的公司，以后如果换公司就不能再次使用。经他这一点拨，我马上做出了调整。因为时间和精力是有限的，我开始重视经验积累、做事方法和思维方式，这些都是属于自己的，可以重复使用。

在多年的工作当中，我发现很多年轻人在职场上彷徨不前，原因可能是从来没有掌握过一门复杂学问或者做过一项复杂工程，没有类似的心路历程。虽然他们考试成绩优秀，但是对如何掌握系统知识却一无所知，既没有概念又不明其理。他们以为可以把知识点的学习方法用到系统学习上，其实两者完全不是一回事。很多人满足于搞懂局部问题，讲出其中的道理，殊不知能讲明白的东西都是简单的。复杂的问题一是讲不明白，二是有许多解决方案，具体哪一个方案较好则依赖于对系统的全面认知程度。认知越全面，选择的方案就越好。

做好工作一定要掌握全局，对项目要有一个全面的理解。很多人接手项目后在细节上花大量时间，或者从自己擅长的部分开始，没有首先尽快地掌握全局，结果卡在局部问题上出不来，最终无法按时完成项目。正确的方法是先对整体设计有所了解，评估挑战在哪里，然后再把时间花在关键的地方，这样才能做好整体设计。很多人解决了一个局部问题就觉得了不起，殊不知局部问题在全局上看往往无足轻重。做挑战性的工作必须既全面又深入，整体着眼，局部着手，统筹考量。没有全局观念，钻在局部问题中出不来是一个非常普遍的问题，看来学校里缺少这方面的培养和训练。

加入芯原微电子后，我为公司的早期成长做了许多工作。两年之后，我突发小中风，半边面瘫，无法说话，身体在严重警告我不能继续透支。听从太太的建议，我立即更换工作，加入了位于圣地亚哥的高通，并在那里工作直至退休。

在高通工作期间，我曾回北大做过一次讲座，题目是《如何做一个好工程师》。临近讲座时，我才意识到这个题目选得不好。做事的智慧最好在工作中以师徒方式来培养，这样才能学以致用，做事的智慧不适合在学校里学习。虽然这次尝试非常失败，但却激发了我的思考：智慧的基础是什么？如果能搞清楚这一点，将其加入学校教育中，一定会大有成效。经过这些年的思考，我发现智慧需要两个基础，一个是知识架构，另一个是直觉思维。下面就来简单地讨论一下。

知识架构

英国著名哲学家弗兰西斯·培根曾说过一句名言："知识就是力量。"然而，仅仅强调知识的重要性是片面的。我们的祖先有更全面的表述——"融会贯通"。"融会"指的是获取大量的知识点，即知识就是力量；"贯通"则是指将这些知识点联系起来，即只有贯通才能全面深入地理解。

融会贯通离不开知识架构。接下来，我们探讨一下知识架构，并看看传统私塾教学在知识架构方面的构建。私塾学习通常从六岁开始到十二岁，学生需要背诵几万字的四书五经，这样可以融会大量的知识点。随着年龄增长和思想日渐成熟，他们进入理解知识点相互关联的阶段，从而构建起庞大的知识架构。简而言之，私塾教育传授的不仅是文字，还有系统的文化知识，并构建了完整的知识架构。只有足够庞大的知识架构，才能理解复杂的概念，如仁、义、礼、智、信。无论四书五经的具体内容如何，它们传授的是一个完整系统的文化知识体系。

知识架构与记忆力相辅相成。父亲记得几十年前遇见的人和名字，每次遇见一个人时，他都会认真询问其名字如何写，然后用家乡口音大声念出来。这是私塾学习培养的记忆习惯，类似于背诵四书五经，通过联想牢牢记住。这说明知识架构对记忆有巨大帮助，也显示了私塾教育建立的知识架构有多好。前面讨论过宫殿记忆法，那么宫殿的架构和私塾教育的知识架构哪个更完善呢？

父亲曾经说过："背诵时什么都不懂，懂了之后就能出口成章。"出口成章表明对所学知识有了融会贯通。当然，不是所有读私塾的人都能系统地学完，也不是所有学完的人都能融会贯通，显然他的记忆力与私塾教育有绝对关系。这说明私塾教育有其道理。有人认为孩子不懂就不该背诵，这种观点狭隘且有偏见。犹太人至今还有背诵圣经的传统。

私塾教育重视融会贯通，其学习过程可以概括为：童年融会，少年贯通，青年出口成章。说白了，私塾教育就是训练脑力的童子功。这可能就是为什么民国时期出现了许多大师的原因，因为他们是最后一代既接受过私塾教育又接受过西方教育的人。具备庞大的知识架构和融会贯通能力，才能系统地掌握一门现代学问，学贯中西。

现今教育尚未找到替代私塾构建知识架构的方法。学生花大量时间和精力学习零散的知识，这些知识现在网上可以轻易找到，但这样的学习既没有深度也没有广度，关键是没有形成知识架构，缺乏综合所有信息的训练。没有系统学习导致无法形成贯通的能力，难以全面领悟事物，造成了学什么都是半瓶子醋的现象。如果缺乏私塾那样的基础，就容易出现学一点外语便自我满足的情况，因为中文底子薄弱，难以想象还需要多学什么。如果有私塾那样扎实的中文基础，学习外文时自然会用外文填补中文知识点，外文水平也会变得像中文一样扎实。

知识架构还与架构思维息息相关。架构思维是一种系统的思维。简单事物可以分出对与错，泾渭分明，容易理解，也能找出因果关系。复杂事物的相互关系则没有那么简单，相关因素多时情况变得复杂，这时必须使用架构思维。在医学研究中经常出现倒因为果的现象，原因就是缺乏架构思维，不知道各种因素相互影响，从来都不是单向的而是多向的。架构思维的特性是比较慢，小聪明玩不通。小聪明是快思维，处理简单问题很有效，但无法做出系统全面的考量。另外，知识架构与格局相辅相成，没有知识架构也谈不上格局。知识架构足够大，才能有大格局。

那么，除了私塾教育之外，还有什么方法可以构建知识架构呢？相信一定还有许多不同的方法。比如，大量的观察和阅读都能构建知识架构，而且形成的架构是自然系统的。知识架构的质量主要取决于两个方面：一是知识点的数量，二是知识点之间的联系程度。

随着近代科学的发展，学科内容越来越丰富，学科划分也越来越细致，知识变得越来越分散，导致很多人学了一堆不相关的知识点，却缺乏系统的学习和知识架构的构建，因此也就无法增强系统抽象的思考能力，造成了"知道的很多，明白的很少"的现象。

知识架构与直觉

直觉也有不同的来源。一种是来自潜意识，而这里讨论的直觉则是来自大量的理性思考。例如，绘画鉴赏家需要对绘画有丰富的感性知识，必须观赏大量的画作，这被行家称为"饱和学习"。通过海量的观察来获得感性认知，每次观察都进行比较、分析、归纳、总结，进而获得整体上的融会贯通。有了融会贯通之后，见到一幅画时，直觉就会自动涌现，真品还是赝品一眼便知。简单地说，直觉是在知识架构完善之后，大脑抽象出来的感觉。通常，观察能力强的人直觉都非常好，因为观察力好的人知识点多。知识点少的时候不需要直觉，知识点多的时候自然会有直觉涌现。

一旦发现直觉有趣，我们自然就会在这方面发展。直觉对于学习复杂知识和处理复杂事务是不可或缺的。

复杂事物有很多细节，初始的认知总是片面的，看得不够全面，更看不见细节及其内在联系。很多貌似无关的事情其实是相关的，因此一定要重视细节，这样才能获得全面深刻的认知。例如，知识架构与整体感也紧密相关，架构越完善，整体感越完整，直觉也就越可靠。整体没有严谨的逻辑，不容易理解，只能通过分别讲解各个局部来逐步搞清楚。善用直觉的人看问题比较全面，思考问题也比较全面，因为直觉会告诉他们事情不会那么简单。现实生活中绝大多数人喜欢讲道理，他们不知道能够讲明白的都是简单的。复杂的道理讲不明白，只能靠悟去理解，这里的"悟"就是直觉。

　　整体感在许多方面都非常重要，例如，书法和太极拳中的气势就是整体感，国画中的留白也是一种整体感。空间感也是一种整体感，有好的空间感在摄影时能找到好的拍摄角度，在打球时跑位传球会更加准确。另外，方向感也是一种整体感。来到美国学会开车之后，当时还没有导航，问路的时候发现指路的方式非常有趣，有用街道名字的，也有用地标的，还有用距离的，或者第几个红绿灯的；在方向方面，有用左右的，也有用东西南北的，思路各有不同却都能达到目的地。生活中的直觉多种多样，养成习惯之后就会变得越来越好。直觉也有不同的层次，经常观察思考才能有好的直觉，通常来讲，善用直觉的人脑子比较灵光。

工作之后，我发现周围同事中多数有硕士或者博士学位。他们虽然具体工作做得很好，但是整体创新则无所适从，整体把握能力也非常薄弱，死记硬背各种知识很厉害。具体知识点容易理解，因为局部比较简单，可以有严谨逻辑。系统知识则比较难懂，因为没有逻辑可循，只能依靠直觉。知识架构完善，直觉才可靠，所以知识架构与直觉相辅相成。

贯通与直觉

　　融会贯通常常用来形容掌握了一门学问。融会是获取知识点，贯通则是将知识点联系起来，形成全面透彻的理解。知识点多才能深入思考，才能有想象空间。当知识点增加后，建立相关联系就变得异常重要，英文称之为"connecting dots"。只有相关联系健全，才能贯通，进而进行归纳、概括、抽象，形成可靠的直觉。融会是理性的，而贯通则是感性的。贯通能力强即所谓的悟性高，处理问题时能化繁为简、事半功倍。通过分析总结，掌握整体，找出重点，把握全局。有了知识架构后，知识点更新时就能快速概括总结，融会贯通，从而迅速学会和掌握新知识和新理论。

　　有了知识架构，解决复杂问题时就可以将所有内容放入知识架构中，大脑全盘理解和贯通后，通过归纳总结形成完整的认知。经验也是如此，所有经验放入脑中后，才能归纳提炼成为做事的智慧。这个过程分为两个阶段：第一阶段是积累，即融会，关键是记忆；第二阶段是贯通，关键是勤于思考，全盘消化与贯通。换句话说，先搞明白所有知识点，再搞清楚点与点的关系，全面通透的理解就形成了。

设计 CPU 时，有一天，一位工程师突然找我调换工作。他负责设计 CPU 的前端指令输出部分，他告诉我每个细节都懂，但在整体优化验证时无法想通，搞得头痛失眠，身体出了问题，所以希望调换工作。这让我感到非常惊讶，因为他给我的印象是相当聪明，名校博士毕业，面试时表现出色。不过，他意识到自己的问题已经说明了他的聪明，绝大多数人不知晓自己的问题。这件事让我意识到人的脑力是不一样的，光有知识显然不够，还需要能够贯通。

复杂的设计都是建立在许多知识点之上，如果知识架构不够完善，就无法贯通。建立知识架构或者叫大脑的拓扑结构时，初始挑战是融会，容纳大量知识点；后期挑战则是贯通，形成系统抽象的理解。只有知识架构足够强大，才能概括、分析、优化复杂的整体设计，才有可靠的直觉，才有创新的想象空间，才能做出具有突破性的工作。所以，知识架构的建立非常重要，否则无法形成可靠的直觉，也无法掌握架构思维，无法进行复杂设计，更无法突破科研难题，也无法具备想象空间，更无法具备大的格局。

选择与直觉

　　人的一生中需要做出无数选择，因此选择能力尤为重要。我们常常听到有人说"运气好"，实际上，运气好就是选择得当。选择时可以学习他人的经验，可以听从父母的建议，也可以自己做主。简单的选择容易做，而复杂的选择则较为困难，此时就需要凭借直觉。

　　直觉好的人往往具有整体观念和全局意识，能够全面深入地看待问题。问题越复杂，越需要依赖直觉，因此直觉思维非常重要，需要得到更多的重视。值得特别提及的是，直觉还包括自我感觉，所以直觉做出的选择更适合自己。跟着直觉走与跟着感觉走是一脉相承的，简单地说，直觉就是对复杂事物的感觉。简单的事情可以用理性的逻辑解决，并有绝对正确的答案；而复杂的事情则另当别论，无法用理性逻辑衡量，也不存在唯一正确的答案，所谓"条条大路通罗马"。在这种情况下，直觉好的人考虑问题较为透彻和周全，容易找到较好的答案。

在工作中，我经常利用直觉来解决问题。有一次，有人批评我不够果断，其实那是因为我没有听取他的建议。善用直觉的人不会轻易听信他人的建议，再好的建议也只是一个参照点，只有在所有信息及其相关联系都想通之后才会做出选择。稍有一点不对头，直觉就不会涌现。用直觉做过一次选择之后，当时的感觉不会忘记，下次自然会寻找同样的感觉。若感觉不对头，就不会轻易做出选择。直觉好的人自然有主见，而不是有偏见，因为偏见的决定容易做。因此，直觉思维是一种好习惯，否则果断就会变成武断。

买房是一件比较复杂的事，以此为例可以更好地说明问题。看房时一定要抱着要买的态度，仔细、认真、全面地走一遍。房子和人一样，没有十全十美的。有些人看到缺点就不继续看了，反正也不打算买。这样直觉就没有得到训练，以后买房时难免片面，考虑也很难周全。房子的因素很多也很复杂，有感性因素也有理性因素，我们要从众多因素中找出孰轻孰重。经过多次看房之后，直觉就会变得越来越好，遇到合适的房子时，买房的直觉就会涌现出来，否则回家再想时，房子可能已经被别人买走了。

　　类似的情况在生活中比比皆是。事先没有做足功课，不可能依靠直觉来果断行事。常见的解决办法是找人出主意，但这有一个致命的缺点：每个人都不一样，观念和喜好也各有不同。出主意的人再聪明，也无法完全了解你的内心需求。善用直觉的人则可以避免这个问题，因为直觉包含自我感觉。

可靠的直觉

　　有人参与的事情总会带有感性的成分，即便在理性地学习和工作中也是如此。感性能力的薄弱会严重影响理性能力，两者相辅相成，不可或缺。直觉并没有什么神奇之处，既不通天也不通灵，而是创物主给予的本能。有人认为直觉是感性的，没错，直觉确实是一种感觉。实际上，直觉是建立在众多理性知识点和理性关系之上的。当每个关系都搞清楚之后，直觉就会变得相当可靠。如果知识点之间的思考不够全面，直觉就不可能完善，可靠性也低。因此，直觉在理性学习中同样重要，复杂的问题都需要直觉。

　　直觉是一种抽象思维方式，可以化繁为简，抓住重点，分清主次。实际上大家对直觉和抽象并不陌生，常常听到有人评价某个讲演有深度，能够意识到有深度说明大家知道讲演的内容需要抽象概括与总结。深度思考对于解决复杂问题是一项必不可少的能力，而这个能力的获得是从直觉思维开始的。有一个非常流行的说法，只要教学有方，学生就能学会。这一观点仅适用于知识点教学，不适用于系统教学，换句话说，只适用于简单问题，不适用于复杂问题。没有完整的知识架构，无法形成可靠的直觉，也就根本不可能掌握一门系统的知识，或者解决一个复杂的问题。具备完整的知识架构才有可能具有可靠的直觉，才能做好高尖端的工作，有所突破，有所创新，有所成就。

许多人认为直觉不科学，其实不然，经过仔细全面观察和深度思考所获得的直觉是相当可靠的。艺术和科学都有理性和感性两方面的因素，缺乏感性能力的话就很难有所创新与突破，许多伟大科学家的灵光一闪就是来自直觉。宇宙运行规律的理解需要直觉，平行与否、守恒与否、对称与否都与直觉有着不可分割的关系。在工程设计上也有平行、对称、布局方面的考量，这些都需要直觉的参与。当遇到问题时，直觉好的工程师立刻会意识到这可能会影响到其他相关部位，需要做进一步的检查。而直觉不好的人不会意识到可能出现的相关问题，那么事故就很难避免了。

既然直觉如此重要，那么如何培养直觉呢？目前我还没有看到这方面的研究与报道。不过直觉来自大量的观察与思考，相信有很多不同的方法可以培养直觉。观察习惯既能增长知识又能增强记忆力，形成知识架构，开启直觉思维，打下智慧的基础。随着岁月的增长，知识架构得以进一步的完善与扩展，最终获得可靠的直觉，同时也具备了分析、归纳、抽象、总结的能力。简单地说，处理海量信息、把握全局和感觉整体的事情都能训练直觉。

钱学森之问

人的各种爱好与技能都有着统计分布。具体到某个爱好上，绝大多数人分布在中央，没有天赋的是极少数，位于分布的一端；天赋异禀的也是极少数，位于分布的另一端。当数量基数足够大时，就会出现天才。近些年来，随着钢琴的普及，才会有朗朗、王羽佳这样的天才出现。在科学技术方面，尽管大学生和研究生的基数成倍增长，却没有相应的杰出人才出现，这说明教育中缺少了至关重要的元素。正如钱学森曾经提出的一个著名问题："为什么我们的学校总是培养不出杰出的人才？"

钱老曾经指出："难道搞科学的人只需要数据和公式吗？搞科学的人同样需要有灵感，而我的灵感，许多就是从艺术中悟出来的。"这里的灵感就是一种感觉，需要感性教育来培养。钱老问题的答案在此已经不言而喻：

为什么我们的学校总是培养不出杰出人才？因为缺乏感性教育。

当前的奥数比赛成绩斐然，但为什么却少有数学家出现？这个问题与钱老的问题类似。答案是普通数学与尖端数学需要的是不同的能力：前者需要理性能力，后者则需要理性能力加上感性能力。理性学习中，除去最尖端的部分，其余都是死知识，通过生记硬背就可以掌握，思考被简单化、程序化、教条化。而感性学习是活的，思考是独立的，知识是个性化的，感悟是整体化的，格局是系统化的。当前的教育缺乏感性教育，欠缺知识架构的构建和直觉的培养，这才导致了培养不出杰出人才的现象。

感性能力和理性能力同样重要，相辅相成、缺一不可，特别是在创新突破方面，感性能力尤为关键。若想洞察真相，首先要全面地看问题，然后才能通过直觉找出那些看似不相关的事物之间的深层联系。所谓领悟，就是对复杂问题的直觉。可靠的直觉能够使侦探专家成功破案，古董鉴赏家辨识真伪，科学家破解难题，工程师创造发明，普通人活得通透。

遗憾的是，虽然西学的引进是表面的、肤浅的、不系统的，但是却成功地使教育完全理性化，造成读书越好感性能力越差的现象，导致现今教学缺乏知识架构的建立和直觉能力的培养。总之，感性教育应该得到重视与推广，因为感性教育能够强身健体、修心养性，促进大脑发达、思想活跃，改善直觉，这些都是杰出人才所必备的素质。

健康与身觉

　　人生在世有两件事最为重要，一个是心态，一个是健康。这里我想聊聊健康以及健康与身觉的关系。有了健康，才能有精力学习、工作和生活，否则一切都是浮云。非常羡慕那些天生体质好的朋友，他们无需刻意锻炼，依然身体健康、精力旺盛、体力充沛。我的体质从小不好，为了拥有学习和工作的体力与精力，不得不重视锻炼身体，积极参加各种运动，其中包括习练了 40 多年的太极拳。一路走来，我有许多体会和感触，在此分享一些我的感悟，特别介绍一下"身觉"这个概念，希望对喜欢运动、关心健康的读者们有所帮助。

大姑父的一番话

很多人都有一段影响其一生的话语。许多走出家乡闯世界的人，常常是因为长辈的一句鼓励。我也有类似的经历。去北京读书的前一晚，家里来了很多人，大家纷纷发表意见，给我许多建议。等到人都走得差不多了，大姑父走过来对我说："南南（只有他这样称呼我），你的学习应该没问题，但我担心你的身体。"我那时有胃病，下乡时还曾胃出血，一直在吃胃药。为了强调身体的重要性，大姑父语重心长地分享了他的故事。和大姑结婚不久后，他得了一场大病，给家庭带来了巨大的负担，奶奶照顾了他半年多，才使他康复。他的语气中充满了对奶奶的感激和对自己的愧疚。

为什么那么多祝福和希望的话语中，唯独大姑父的这一番话我记住了呢？我想，是因为大姑父发自内心的关怀，他的这番话是经过深思熟虑的，我听进去了并且记在了心上。现在回头看，毕业工作后压力巨大，我的身体能够承受工作压力并坚持到退休，绝对与重视锻炼身体有着莫大关系。衷心感谢大姑父的一番话，使我认识到了身体健康的重要性。

听了大姑父的话，上大学后我开始奋发锻炼身体，半年后就摆脱了胃药。从那之后，我一直把锻炼身体放在首位。当时的伙食跟不上，锻炼方法也不得当，虽然肌肉有所增长，但精力和体力依然不足以支撑学习需求。其他同学熬夜学习时我已经累得上床睡觉了。这使我我意识到：若想学习好，必须身体好。1981年底，我来到美国读研究生，发现冬天在室内也可以游泳，这让我非常高兴。不久后我又发现，研究生学习需要更加充沛的精力和体力，因此开始寻找更好的健身方式。

就在这时，杂志上的一篇文章引起了我的兴趣。文中介绍太极拳是一种高级武术，这让我大吃一惊，怎么在国内时从来没有听说过呢？我一直以为太极拳只是老年人健身的体操。我立即开始打听有关太极拳的信息，惊喜地发现学校里有一个太极拳俱乐部，每个星期天都有课，老师是中国人。

吴俊老师

　　俱乐部的吴俊老师来自上海体育学院，师从著名武术家王子平的女儿王菊蓉。吴老师大概是第一位在美国获得太极拳博士学位的人，他的博士论文就是关于太极拳推手的研究。虽然他年长我十几岁，但那时我们是同学，他攻读体育博士学位，而我攻读电机博士学位。每周除了周日的大课之外，我还专门跟他上一到两次私人课。

　　让我惊讶的是，吴老师虽然体格壮硕，但动作却异常轻灵敏捷。他的腿比我的胳膊还灵活，走路时听不见他的脚步声。尽管那时我对太极拳一无所知，但我知道自己遇到了高手，因此决心好好跟他学习。六个月后，我惊喜地发现自己的精力明显好转，熬夜学习不再是问题。尝到甜头后，我毅然决然地放弃了心爱的游泳，专心练习太极拳，因为健身时间非常有限，鱼与熊掌不可兼得。就这样，我跟吴老师学拳五年之久，直到工作搬离明州。

有一天，吴老师看到我在练习发劲时说道："你这么心平气和的怎么行呢？发劲时必须兴奋起来。"这是我生平第一次听到这种说法。发劲需要有意识地非常快速地高度兴奋起来，随后还要迅速安静下来。所谓张弛有度、收放自如。百米赛跑比长跑需要更多的兴奋，而发劲应该比百米赛跑还要兴奋，因为百米赛跑需要十几秒，而发劲只需瞬间完成。也就是说，若想发出最大的力量，兴奋度至少要比百米赛跑高出十几倍。过了一段时间，看到我有进步，吴老师特别高兴，然后才给我增加新的内容。让我佩服的是，他总能恰到好处地为我增添新内容，使我对太极拳的兴趣有增无减。有趣的是，他通常只给我展示一次，至于怎么练，我要自己琢磨。

跟吴老师学拳的最大收获是懂得了张弛有道这一哲理。良好的张弛会在生活中增添许多乐趣，这里举一个高度兴奋的例子。有一次，我带儿子去坐过山车，同去的家长们都说年龄大了身体受不了，但我跟着孩子们一起上去，大喊大叫，玩得开心极了。平时不锻炼，没有情绪弹性就无法享受过山车的乐趣。没有情绪变化的生活是多么索然无味啊！张弛锻炼能让我们大声地笑、痛快地哭、细细地品、深深地悟。这样做，人才有张力，生活也有张力，应变能力极大增强。

　　再举一个快速放松的例子。久坐会导致身体僵硬，对于缺乏锻炼的人来说，紧不上去松不下来，很久恢复不过来。而对我来说，伸伸胳膊、抻抻腿，发劲全身骤然一紧，唰地一下就松开了。不但肌肉松了，关节也开了，而且发劲的兴奋使得脑子更加清晰和精神焕发。请注意，平时不锻炼的话千万不要模仿，很容易导致拉伤。

张弛有道

张弛有道还包括节奏的变化。节奏的张弛讲究的是变化能力，在健身、运动、生活和工作中都起着不可忽视的作用。这种能力应该是衡量身体素质的一个重要因素，可惜至今没有得到足够重视。

日常生活中经常见到两种不同性格的人：慢性子的人，说话慢吞吞，做事慢条斯理；急性子的人，说话如放鞭炮，办事麻溜利索，连吃饭都快。这两种人都受限于呆板的节奏，无法做到该快时快、该慢时慢。好的节奏变化能力不仅能非常慢地做事，而且还能非常快地做事，甚至还能快慢相间地做事。所谓"动急则急应，动缓则缓随"。

在这方面，太极拳有其独到的科学训练方法。初学太极拳时老师要求慢慢地练，这样增大节奏变化幅度，因此提高节奏变化能力。除此之外，慢练还有一个鲜为人知的道理，这里就来介绍一下。开始慢练的时候我们会感到很不耐烦，过了一段时间原来的心烦意燥会被心平气和取而代之。此时，过去呆板的节奏就被磨掉了。我的急性子变了，与人交谈时会自然而然地跟上对方的语速。以前遇到说话慢的人会非常不耐烦，现在能和对方说得一样慢，聊得非常开心。之前我以为秉性难移，急性子改不了，完全没想到还真被改掉了。

何为功夫，前辈们早有解释：功夫乃后学也。若想后学有用，必须摒弃先天。后学指后天训练出来的技能，不是先天就有的习惯。用在节奏变化能力上，通过慢练打破先天呆板的节奏，然后再重新训练后天的节奏。先天如果不被根除，实战时后学无以至用。

呆板的节奏磨掉之后，接下来重新训练节奏的变化能力，譬如，快慢相间，速度"均匀"等等。实际上不可能做到速度绝对均匀。那么，为什么还要追求均匀呢？为了提高控制能力。比如，快节奏的人是一分钟 100 拍，慢节奏的人是一分钟 50 拍。太极拳练习一分钟 10 拍，11拍太快了，9 拍太慢，慢慢地微调能力就提高了。让 100拍的人慢一点的话，他们只能粗糙地慢到 90 拍、80 拍，而练过太极拳的人则可以精细地慢到 99、98 拍。追求均匀的目的是可以准确地变化节奏。

张弛有道还体现在许多其他方面。比如，在时间上，能够快速适应倒时差；在饮食上，少吃一顿也无妨；在温度上，突然的冷暖变化不会引起生病；在情绪上，能够承受大的情绪波动；在工作上，能够应对更大的工作压力。环境一直在变化，健康的身体应具备良好的应变能力，一变化幅度大，二恢复时间快。应变能力越强，身体也就越健康，从而拥有令人羡慕的张力。张力在人生、艺术、体育等各个方面都非常重要。简单地说，

张弛有道才是真正地锻炼身体。

尽管太极拳已经普及多年，这个道理依然没有被普遍接受，因此也无法获得更多的健康益处。中华传统的瑰宝内容因此面临遗失的风险。

学剑的故事

　　曾经读到过这样一个有趣的故事，可惜网上找不到其出处。古时候有一个人酷爱剑术，听说山中有高人，便进山拜师学艺。他以为老师需要考验自己，所以每天都认真地干活。老师常会过来监督，还用一根树枝当剑偷袭他。为了少挨扎，他慢慢学会了随时察觉及时躲避。转眼三年过去，老师已经无法偷袭成功。这一天，老师把他叫到身前，郑重地告知他可以下山了。他诧异地问老师："你还没有教我剑术呢！"老师答："你已经学到了我的东西，可以下山了。"

　　这个故事给予我们什么启发呢？高人并没有教具体剑法和基本功，想必是因为他已经有了一定的基础，只需要训练他的感觉能力。快速躲避必须是下意识的本能反应，经过大脑就慢了。身体有记忆能力，每次遭遇偷袭都会形成感觉与记忆。这种感觉比正面交锋的内容要丰富许多，必须学会利用声音、空气的流动来感知身后的情况，然后做出快速反应。每次成功的躲避都是直觉的一次完善，感性认知的一次成长。三年时间里每天偷袭十次的话，总共就有一万多次。这说明：一、掌握一项特殊技能需要大量的重复，最终才能大功告成；二、在技能之外还要重视提高感觉能力，高手的感觉都是超级好的。除此之外，这个故事还告诉我们：

1. 人的感觉能力是可以通过训练来提高。我非常喜欢看《挑战不可能》这个节目，可以看到许多让人惊叹的感觉能力。他们中有小孩子也有各行各业的人，唯独少有获得博士学位的人，这说明感觉能力与高等教育没有什么关系；

2. 没有高手陪练是不可能成为高手的。国家乒乓球队的女队员都有男陪练。有高人陪练三年，还不允许反击，在劣势的情况下能够立于不败之地，当然就是高手了。现今传统武术的衰败与缺乏实战训练有着莫大关系，没有实战训练不可能成为高手；

3. 学习态度非常重要。相信老师，换句话说，盲练。这位学剑人之所以能够出徒，就是因为他相信老师。理性的学生总想让老师教自己所期望的东西，并固执地认为学拳要明理。其实，练拳明理的东西是基础，真正的功夫在没有学到之前根本无法想象出来。如果不用学就明白了，那还称得上是难得的东西吗？不用学就明白了，要老师干什么？这个道理在许多电影、故事、轶事、传记当中都有所表述，可惜大多数人还是不懂。盲练才是练功夫的乐趣，盲练才会有意外的惊喜和真正的收获。

练功夫比理性学习有趣多了！在理论学习中获得惊喜的人只限于那些做出重大发现的人。练功夫则不一样，只要练都会有惊喜，而且多种多样。譬如，腿脚轻快许多，又有新的感觉，老毛病不见了，疲惫感没有了，睡觉更香了，咦！想不到还会有这个益处，哇，一个人的反应可以这么快。总之，这个故事描述了一个典型的功夫学习过程，值得我们借鉴。

刘积顺老师

1987 年离开吴俊老师后，我一直坚持自己练拳，同时也在寻找合适的老师。找老师需要运气，那些年里我借着假期和出差的机会四处寻师访友，先后拜访过十多位老师，但因为有吴俊老师作为参考，一直没有遇到满意的。直到 2001 年，经同事介绍，我才有幸结识刘积顺老师。当时他正在给八十多人的大课授课，我就在后面跟着比划。当他走过我身边时，轻轻地对我说了一句："尾闾向前。"隔着羽绒大衣看出我的尾闾没有向前，这让我印象深刻。后来得知刘老师是武式太极拳传人，郝少如的高徒，郝少如的爷爷是郝为真，而郝为真是孙禄堂的太极拳老师。这样正宗的传承在国内都难找到，多数的太极拳没有任何传承脉络可寻。于是我开始正式跟刘老师学拳。

多年前，《武林》杂志主编梁伟明先生来美国访问，他熟悉各种武术派别，还是一位武式太极拳的爱好者，所以此行专门拜访了刘老师。借此机会，我们安排他做了一次讲座，来了许多爱好者和老师。其间有人让刘老师用一句话概括太极拳练什么，他给出一个简短的答案：**"感觉。"** 这说明感觉非常重要，感觉好才能打好太极拳，更重要的是身体才会健康。老话说得好，功夫不负有心人，说的就是学习功夫要用心地感受。同刘老师学拳让我见识到了传统内家拳的传授方法，简单说就是一种感性教学方法。

网上的烹饪节目很受欢迎，大家都喜欢看。不过，没有人学会做菜后就自以为是名厨，因为大家都知道视频上尝不到味道，而掌握味道则必须拜师学艺或者去烹饪学校学习，那里的学费非常昂贵。说来有趣，拳也有"味道"。那么，拳的"味道"是什么呢？打人时给人的感觉。

曾经遇到一位太极拳友，小时候学的是外家拳，后来才拜入太极拳门下。当时他已小有名气，切磋时将我打出四五米远。后来一同吃饭时，他与我分享了他的困惑：师兄弟们说他的劲刚冷，而老师的劲柔中带刚，他不知道怎样才能打出老师那股劲来。当时我没有回答他，因为这是一个感觉问题。说实话，他得从头学起，对他来说太难了，主要是有点晚了。这里说的就是拳的"味道"，很多人本来有其他的武术根底，拜入太极拳门下学会了套路就以为学会了太极拳，其实拳中并没有老师的"味道"。挨打的感觉有皮痛、肉痛、骨头痛、打击感、撞击感、穿透感、心惊、胆寒等等，等到感觉提高之后还会有更细腻的感觉。这时我们会发现不同的拳打人的感觉是不同的，因为内在技术不同。换而言之，不同的拳术味道不一样。有人说干吗讲究"味道"呀，赢了不就行了。实际上，追求"味道"就是追求技巧和掌控能力。拳中有分寸才是高手，才能让对手心服口服。如果一个人炒菜味道没有个准，那能被称为名厨吗？

太极拳之所以被称为内家拳，是因为它是从内在感觉入手练拳，简单来说，就是凭借感觉来练拳。太极拳有大量形容感觉的语汇，字面意思大家都懂，但真正的含义只有在感觉能力提高之后才能领悟和理解。总之，要学好太极拳，必须在提高感觉能力上下功夫，否则就无法深入学习，连门都进不去。这就如同学习烹饪一样，重视味觉的提高才能成为名厨，否则做出来的菜算是哪一个菜系的呢？

太极拳的奥秘

在众多体育运动中，我对太极拳情有独钟，练拳已有四十多年。原因在于太极拳练习方便，用时不多，效果显著，最重要的是练拳总能带来身心愉悦，帮助提高精力和体力。因此，有一段时间我几乎一有机会就积极宣传太极拳。然而，大多数人并不感兴趣，这让我感到失望。于是，我转而尝试推广太极拳作为一种健身运动。于是在 1990 年，我还自费出版了一本介绍太极健身的英文书《Taiji Fitness》。

后来，我有幸遇到一位体育教授，她指出人的性格各不相同，不同的人喜欢不同的运动，因此才有各种各样的体育活动。大多数人喜欢球类运动，而武术是小众运动，太极拳则是小众中的小众。这让我开始思考太极拳的奥秘。如果能搞清楚这一点，并将其作为通识教育的基本内容，那么一定能惠及更多人。

圈内有一种说法叫"练法与用法是反着的"，乍听起来非常神秘，其实说的是素质训练。前面提到的慢练就是素质训练，目的是提高准确变化节奏的能力。基本功讲究快，素质训练要求慢；基本功讲究力量，素质训练强调放松；基本功讲究兴奋，素质训练追求安静。身体素质训练好像与应用无关，但实际上至关重要。

如果我们用"张弛有道"来看这个问题就一目了然了：基本功注重的是"张"，素质训练注重的是"弛"。张弛两方面同等重要，当我们无法继续"张"的时候，就要在"弛"上下功夫。例如，若想进一步增强力量就要学会更好地放松。顶尖高手不但能够紧张起来、快起来、兴奋起来，还能松下来、慢下来、静下来，说白了，张弛有道，收放自如。

吴俊老师的传授属于学院派，使我认识到张弛有道的重要性；刘积顺老师的传授属于民间派，使我认识到感觉的重要性。同刘老师学拳之后，我才体会到真正习武之人并不是粗人，反而是非常细心的人。我的太极拳认知因此更进一步。大家都非常熟悉的概念是基本功，学好任何动作技巧都需要基本功。其实，除了基本功、素质、张弛有道之外，还有更加基础的东西，否则的话无法成为高手。这个基础就是感觉。例如，在前面提到的学剑故事中，提前预判身后的袭击就是利用这种感觉。在太极拳学习中，掌握拳的味道也是依靠这种感觉，没有这种感觉，打出来的拳就没有太极的韵味。

多数拳术和体育运动都是从基本功训练开始，专注于熟练掌握动作，把动作变成本能。这是训练方式针对性强，效果显著。但是，若要成为顶尖高手，除了基本功之外，还要重视素质与感觉的训练。太极拳学习遵循金字塔原理，具体从上至下我们有，哲理下面是拳理，拳理下面是拳术，拳术下面是基本功，基本功下面是身体素质，而身体素质下面则是感觉。

郝少如在《武式太极拳》一书中提到："太极拳是一门艺术"，既然是艺术，那么一定与感觉有关。音乐与听觉有关，绘画与视觉有关，烹调与味觉有关，那么太极拳的基本感觉是什么呢，肯定不会是我们熟悉的视觉、听觉、嗅觉、味觉、触觉，那么这个感觉具体是什么呢？根据我多年的太极拳学习与领悟，这个感觉就是身体运行的感觉，姑且就称其为——身觉。

健康身体运行一定要好，身体运行依靠神经系统，而完善的神经系统就是建立在好的身觉之上。神经系统健康发达，大脑更加了解身体，自愈功能得以启动，身体因此更加健康。身体运行通畅之时，身觉就会非常愉悦，身形合一，恬静安逸，淡定从容。

外家拳是通过外在动作练出本能，属于内家拳的太极拳是通过身觉训练本能，通过外在动作与内在感觉相结合来达到形神合一。两种方法虽然殊途同归，但太极拳的练法另辟蹊径，更胜一筹。因为，有了好身觉对内可以更好地了解自己，对外则可以更快地了解对手，知己知彼，百战不殆。书归正传，什么是太极拳的奥秘呢？

太极拳的奥秘就是通过提高身觉来掌握运动技能，获得身体健康。

经典的传承

　　曾经，在一段时间里，每当读到经典失传的消息，我都会感到非常遗憾。深入学习太极拳之后，我才恍然大悟，原来失传是非常自然的现象。功夫与人息息相关，个人经验无法直接传给他人，学生需要自己去感觉与探索。然而，如果能够分清感性与理性，理性的内容就可以传承下来，结合自己的感觉与经验，还可以有所发扬。虽然这种发扬可能与老师的经验不甚相同，但却是真正属于自己的东西。这大概就是"师父领进门，修行在个人"的真正含义。

　　经典传承需要重视师徒学习方式。多数人对师徒学习方式完全陌生，以为上几堂大课，听几次讲座，看看教学视频就可以学会。实际上，大课学习非常有限，视频学习则更加有限。只有上私人课才能学到感觉方面的细节，多观察老师的教学，给老师做帮手，才能学到更多东西。学习太极拳的方法和学习其他手艺、技能、艺术是一样的，非常值得有学者来研究总结并推广，这样才能避免即便遇到名师也无法入门的尴尬状况。

在老师身边久了，我遇到过很多有趣的事情。很多人习惯按照自己的主观意识学习，特别是那些习武多年的爱好者，他们有着根深蒂固的观念。有的时候，明明老师讲的是东，却硬生生地被听成了北，并且还以为自己懂了。请不要以为这很奇葩，这类现象时有发生。主观意识非常强大，常常学成了自己想象的样子，有时甚至硬生生地学反了。所以，学习态度非常重要。如果没有客观、开放的学习态度，是学不到真东西的。原因非常简单，主观臆测无法获得真正的感觉，只有遵循感觉才能学到真东西。

太极拳的神秘感来自对感觉学习的陌生。感觉这个东西很难用语言来描述清楚，说出来总会让人感到非常神秘。我有 8 万多字的学习心得至今没有整理出来。另外，感性学习进展缓慢，必须持之以恒，耐心下功夫，最难的是如果停止练习还会退步。感性学习比理性学习要难得多，准确地说，难太多了。这也是为什么提高感觉能力非常有趣。希望有更多的人来学习研究感性教学，这样不仅经典会得到传承，新的功夫、手艺、艺术还会与时俱进，不断涌现。

　　重视身觉是传统太极拳以及内家拳的独到之处，传统中国文化之瑰宝。下面我们就来进一步地探讨一下身觉与身觉教育。

感觉的特点

一位老中医教授曾经说过，几十年来只培养了三个会把脉的学生。现今的学校在传授感性知识方面非常失败，严重缺乏相关的教学研究。关于感觉学习，几乎见不到任何介绍与讨论，但在电视节目中却能看到十几岁的孩子把脉诊断怀孕。这说明什么呢？感觉可以很早就培养，而且最好是在小时候学。

提高感觉需要学生自己主动地探索，同时寻求老师的引导。多数人只会被动地等待老师来灌输，这种情况即使有好的老师，还是难以进一步提高，因为他们对感性学习一窍不通。要想学好功夫、手艺或者艺术都必须在感觉上下功夫，而提高感觉首先要对感觉的特点有所了解，这将会对学习有所帮助。我总结了以下一些特点供读者参考，了解这些特点可以少走弯路。

1）感觉没有对错。感觉都是对的，只是层次不同。

比如，有人说他妈妈烧的菜最好吃，能说他错吗？在他的层次上绝对是对的，只不过若想当名厨或者美食家，则需要更高的层次。

2）感觉无法证明。有人以"科学"当招牌，怀疑太极拳的科学性，要求证明"气"的存在。气是一种感觉，身体运行的感觉。气感如同疼痛一样真实地存在，疼痛时西医并没有要求病人提供证明。

3）感觉不到不等于不存在。我们只能感觉到大千世界中很小的一部分，很多东西要在感觉能力提高之后才能发现，这样才能体验到大千世界的丰富多彩。理论知识虽然重要，感觉能力同样也重要。

4）语言无法准确表达感觉。理性学习可以用语言文字表达清楚，感性学习则不然。语言无法清楚地表达感觉。另外，不同的老师用词也不同，学习时要参考语境揣摩老师的意思。有了感觉怎么讲都明白，没有感觉用什么词都没用。

5）人与人之间的感觉差异很大。知性差异有多大，感性差异就有多大。大学教授和幼儿园孩子在理性知识上的差异很大，教授学习了二十多年。大多数人没有提高某种感觉能力的经历，也就是说，在幼儿园的层次。同理，有观察习惯的人观察力自然好，修炼多年的人某种感觉能力超乎想象也应该在情理之中。

6）感觉不到无法沟通。网上有很多片面的讲解，为什么没人来纠正呢？难道没有明白人吗？绝对不是。在那个层次没错呀！感觉不到怎么沟通呢？正所谓，夏虫不可言冰，井蛙不可语海。经常遇到学生抱怨老师保守，其实并不是老师不想教，而是学生感觉不到，怎么教呢？

7）每个人的感觉都不同。同一堂课，不同的人学到的内容不同，这取决于学生自己的层次与悟性。好的老师教出来的学生是不一样的，每个人都带着浓厚的个人色彩。如果教出来的学生都是一样的，那么一定是理性的基本内容。

8）相信老师。感觉提高是对未知的探索，层次不在时老师解释也没用。这时就需要学生完全相信老师，盲练。练了就得到了，而且是自己的东西，不练什么都得不到，依然是一个门外汉。

感觉的提高没有标准，不适合应试教育，也不适合搞评级。老师无法将感觉能力给予学生，学生需要自己去追求、去感觉、去琢磨、去体会、去提高。在视觉上没人愿意做盲人，但大家对自己的盲点都不自知，因此，提高感觉能力相当具有挑战性。

身觉的提高

身觉好的益处非常多。例如，可以提前察觉身体不适，防止病情恶化；不会长时间维持一个姿势，一有不适马上察觉并立刻做出调整；长途驾驶不容易疲劳；在计算机前工作时会常常站起来活动，避免如鼠标手之类的问题。值得提醒的是，这个层次的身觉只要留心，谁都有，无需打坐站桩，更不必入山修行。

多年前，太太曾特别惊讶一家人特别干净。我问他们有没有孩子，得到的回答是没有。我又问他们是否有慢性病，太太感到惊讶，我却并不意外。爱干净的人看到脏乱时，即便身体疲累也要清理，长此以往就会导致慢性病。我们都见过与自己内心较劲的"拧巴"人，这里则是与身觉较劲。似乎没有词汇来形容这种病况，这表明人们普遍缺乏对这个病情的认知。

虽然人人都有身觉，但是身觉差别可以相当大。身觉随时都在波动。例如，饿的时候如果专注于这个局部感觉，心情一定非常不好。整体感觉差的人常常被局部感觉所迷惑，一会这里不舒服，一会那里不舒服，总是担心得病，遭受不必要的折磨。如果关注整体感觉，就会发现实际情况没有那么糟糕，远未到需要过度担心的地步。

那么，如何提高身觉呢？在身体和外部因素之间建立感觉联系。例如，注意午饭与饭后的感觉，吃了什么，吃了多少，有没有犯困，好不好消化，什么时候感觉饿，运动时体力如何，用脑时精力怎样，等等。把午饭与饭后的身体状况联系起来，每天晚上写下感受，一段时间之后身觉就会提高，对食物的感知随之增强，更加了解饮食对身体的影响。养成这个习惯，身体自然会健康，不会肥胖，而且无需刻意节食，因为身觉的舒服比味觉的愉悦好许多。

影响身体运行的因素非常多。例如，晚饭与睡觉的关系，喝水与身体的关系，食量与体重的关系，心情与身体的关系，锻炼与身体的关系，前一天的活动与第二天早上起来时的状况关系等等。刘老师有些忌口，我好奇地询问原因，他的回答让我长见识：那些食物影响他的感觉。简单地说，通过身觉发现身体运行的情况，还有各种内在的和外在的因素的影响，养成习惯之后身觉就会变得越来越好。

运动与身觉

　　好的运动能力需要好的身觉，而身觉分局部和整体两个方面。局部上要足够细致，整体上要尽量全面。人体有上百条肌肉，在局部方面，一般人只用大块肌肉群，对小块肌肉既不会单独使用也没有感知。技巧动作需要精准控制，精准控制需要运用小肌肉群，这就需要非常细腻的身觉。学习任何复杂的动作首先必须学会做分解动作，没有细腻的感觉就无法做分解动作。老师可以详细描述动作的分解，具体到每一小块肌肉的运行，但如果缺乏身觉，既听不懂也做不出来。

　　身觉具体能够好到什么程度呢？这里举一个比较易懂的例子。有一次刘老师问我："你这只胳膊怎么只用了60%的劲呢？"我当时一头雾水，回到家中仔细琢磨了好久，才找出毛病。原来是因为从小拉胡琴的关系，持弓的右手用中指、无名指和小指一起勾住马尾，因此我习惯性地一起用这几条肌肉，自己却浑然不觉。为什么手臂上的肌肉群要分开来用呢？因为旋转手臂时，不同肌肉群的用力时间应该有先后顺序，这样动作控制才是最好的。如果一起用力的话，一动作笨拙，二不够精巧，三效率不高。刘老师能看出我的这个肌肉运行问题，这是知己知彼的上乘功夫。

好的运动能力还需要良好的整体感觉。当身觉变得既细致又全面时，整体感觉就会提高，这时我们对动作的掌握才达到高层次的要求，才有可能把复杂的动作做到位。太极拳有一套方法来训练和提高身觉，通过提高身觉来获得整体协调性，从而使身体具备学习复杂动作的基本条件。简单来说，身觉提高之后才能理解动作的内在运行，才能从内在运动机理方面掌握动作。

太极拳特别强调整劲，其实，整劲并没有那么神秘。所有运动都要求整劲，否则无法身形敏捷、步法轻灵、动作协调、周身一家。许多练拳多年的人并没有掌握整劲，这点从他们的举止中就能看出来，显然太极拳这个基本要求并没有被普遍理解。整劲的要求贯穿在所有动作当中，一提手一落足都要用整劲。平时站着都要用整劲，局部用力就会产生伤痛。平时走路也要用整劲，否则动作不可能轻灵，反应也不可能快，平衡更不可能好。

请问一下，平时动作中没用整劲，拳里的整劲能好吗？

要想掌握整劲首先要有整体感觉，学拳初期缺少许多局部感觉，还有身体不同部位的相互神经联系，经过训练才能越来越好，身体各部位的神经联系开始打通。有了整体感觉动作自然是整的，没有整体感觉动作一定是散的。所以说学习整劲必须提高整体感觉。身觉的内容非常丰富，例如，身体重心位置、转动轴的位置，着力点在哪里、左右力量是否对称、前后的劲是否均匀、上下交叉的联系如何、力量集中在何处、身体平衡怎么样，重量在左右脚上分布情况。开始学习需要逐条感知，经过长期训练后感知速度越来越快，内容也越来越多。一开始想着这个忘了那个，慢慢地整体内容才会变得既细致又全面。

身体部位有那么多，如何才能有更好的整体感觉呢？这就需要将所有感觉简化成为直觉，动作因素越多就越需要高度的抽象——直觉。所谓的练家子就是把动作练成本能，从身觉的角度上来说，那就是练出动作的直觉。当神经系统逐渐形成完整的动作感知架构后，动作的直觉也就随之产生。直觉说白了就是形成了纲举目张的纲，抓住了纲就带动了整体。有了直觉，动作就会快许多，直觉能够快速处理复杂信息，因为直觉是一种高效率的整体反应。每一个熟练掌握的动作都有其直觉，直觉就是高维的抽象的运动感知。

　　学好动作与学好科学的方法其实是相通的。追求细致的局部感觉就是在建立完整的知识点，知识点越多，动作就越精确。追求整体感觉就是通过建立知识点的相互联系来形成运动感知架构。追求动作直觉就是在建立高维动作感知，真正从内在掌握动作技术。运动感知架构越完善，动作的协调性就越好，而且还富于整体变化。有了运动感知架构，才有可能形成好的动作直觉，做出快速协调的整体动作，从而成为对手难以超越的高手。因此，太极拳重视身觉的提高不仅对健康有着显而易见的好处，而且对竞技运动有着至关重要的作用。

锻炼与身觉

锻炼身体的方法可以分为理性和感性两种。理性的方法是制定健身规划，强调"没有吃苦就没有进步"，按计划锻炼并达到既定目标。然而，有些热衷健身的人在每次流感季节都难以幸免，原因在于他们锻炼过度导致抵抗力下降，却未能自知。换句话说，他们在"损有余而补不足"。运动过量容易导致受伤，一旦受伤不得不放弃爱好，其根本原因在于他们没有重视提高身觉，因此也就无法根据身体状况进行合理的训练。身体疲劳时最容易受伤，若想避免受伤，就要提高对身体的感知能力。用太极拳的话来说，功夫是"养"出来的。这里的"养"并不是不练，而是随着身觉来练。这样才能避免受伤，使得爱好能够富有情趣持续到老。

学习太极拳三年后，偶然的一次机会我发现自己可以轻松地进行长跑了。原来，习练太极拳使得身体更加放松、呼吸加深加长、下肢力量增强，协调性大幅提高，长跑因此变成了一种轻松的运动。就这样，我在 30 岁时开始长跑，40 岁开始跑马拉松。通常我每周跑 2 到 3 次，每次至少一个多小时。跑步时总是以慢跑起步，等到身体跑开之后再加速，通常不到一分钟就能进入状态，偶尔状况不佳时需要较长时间。有几次开始时觉得肯定跑不下来了，但坚持慢跑十多分钟后就进入了状态。跑完后虽然身体依然疲惫，但精神却充沛许多，心情也非常愉快。有时伴随着痛苦，但这正是后面快乐的前奏，饭吃得香，觉睡得好。多数情况下我和同事一起跑步，其实我更喜欢自己跑。这并不是因为个性孤独，而是因为这样更舒服，感觉好时就快一点，感觉不好时就慢一点。

　　这里再来谈谈锻炼身体时的自律。很多人以为坚持锻炼需要自律，必须有坚强的意志。其实这完全是一种误解，自律的人并不需要克制欲望，而是在追求更好的欲望。这个好的欲望就是追求身觉快乐。追求好身觉就不会被偏执所挟持，不会因为非要吃撑自己去损害身体。欲望是人类赖以生存的原始动力，没有必要去克制。行之有效的方法是用综合欲望去取代单一欲望，说白了就是追求整体的愉悦而不是局部的愉悦。自律的人无需坚强的毅力，他们只不过是受益匪浅的人。自律不是出于毅力，而是因为尝到了甜头。外人误以为经常锻炼的人很自律，真实情况是他们在追求整体的愉悦，他们也是"瘾君子"。

健康与身觉

　　每个人对健康的理解都不同，有人认为无病就是健康，有人觉得参加运动才是健康，还有人认为能够完成马拉松甚至铁人三项才算健康。现今的教育导致绝大多数人只相信仪器测试的指标，而不相信自己的身体感受。问题在于，达标只能表明无病无法表明身体是否健康。事实上，达标是健康的最低层次，良好的健康状态应该是身觉快乐。好的身觉不是一朝一夕之事，必须通过习惯来慢慢提高。有研究发现，肥胖者的饱腹感是"错误"的，导致他们吃得过多。其实，感觉没有对错之分，只有好坏之别。显然，肥胖者的味觉超级好，而身觉却异常差，满足了味觉却伤害了身体。局部感觉好而整体感觉差，一味追求单一感官的快乐，伤害身体而不自知，这是非常普遍的现象。追求单一感觉的快乐不利于健康，追求身觉的快乐才有利于健康。

一开始锻炼身体时，我只重视肌肉力量的增长，后来才发现外表的肌肉发达还远远不够，必须做到体力充沛精力旺盛才行。内在的空松圆活气血畅通才是体力充沛精力旺盛的关键。虽然气血畅通看不见，也无法用语言清晰地描述，但是当身觉提高之后可以清晰地感觉到。这里说的身觉是一段时间的整体感觉，而不是某一时刻的局部感觉。局部感觉一直在变化，早上一种感觉，下午是一种感觉，晚上又是一种感觉；休息是一种感觉，工作是另一种感觉；饭前是一种感觉，饭后是另一种感觉。请回忆一下，上一次体力充沛精力旺盛的时候？如果想不起来了，说明你已经忽略自己的身体太久，身体大概率是处于亚健康状态。

仔细观察的话，健康的身体具有以下三个外表特征：

1. 形体端正，举止稳重。形体端正是指直立，没有驼背、探脖、水蛇腰等问题，这是健康的外在理性要求。如果形体不端正，身体不可能充分放松，气血也不可能通畅。直立有不同的层次，人类用两腿行走被称为直立行走，这种直立与芭蕾舞演员的直立不在同一层次。稳重指的是骨骼结构合理，肌肉放松。如果用肌肉来维持姿势，身体一定会抖动，而且不必要的肌肉紧张会影响气血畅通。

2. 身手矫健，动作轻灵。前面说的是骨骼，这里来说说肌肉。首先，动作是整体的，局部用力容易受伤而且力量也不够大。其次，动作是协调的，说明神经系统发达，是身体智慧的基本表现。另外，动作还是放松的，说明动作效率高。绝大多数人肌肉无法分开来使用，俗话叫动作不分家，判断这种情况很简单，动作笨拙就说明没有分别的使用肌肉，动作效率不高，不该用力的肌肉也一起在用。放松了不需要使用的肌肉气血才畅通，身手才敏捷，动作才轻灵，动作效率才高。

3. 身躯挺拔，中气十足。身体挺拔还要脊椎有弹性，关节松活，气血畅通。这样不仅能使身板更直，而且显得更加高挺，做到"身板直而不僵"。在动作的整体性上，身躯挺拔起着承上启下的作用。例如，上下肢的动作都需要肩胯的参与和脊椎的带动。中气十足通常指说话底气足，这里泛指腹脏的气血畅通，从而使体力更加充沛，精力更加旺盛。多数人身板僵硬，中气不足，这说明大众普遍缺乏针对身躯的锻炼。

　　舞蹈演员、戏曲演员以及热爱运动的人通常具备这些特征，对于上了年纪的人来说，只有长期修炼的人才能拥有上述体质。简而言之，身体健康的标志是身体气血通畅，筋骨空松圆活，只有身觉好了之后我们才能知道这些身体运行状况。

举止与身觉

我对身觉的领悟来自传统武术太极拳的学习，但是，只有非常少数的人对此感兴趣，所以并不适合作为普及身觉教学的载体。如果在小学接受一些身觉教育的话，将来不管做什么都会做得更好。那么，在小学体育课中学习什么可以加入身觉学习呢，我想举止学习是一个比较好的载体。举止学习可以唤醒身觉，改善形体，提高动作感知，锻炼神经系统，养成健康习惯，增长身体智慧。下面就来谈谈举止的重要性。

一次理发时，我遇到一位师傅，他在剪头顶时调低椅子，剪脖子部位时又不厌其烦地调高椅子。我夸奖他的站姿很好，没想到引发了他的一通长篇大论。他入行时非常幸运，得到了老师傅的指点，学会了站直身体工作。他的许多同行都因为站不直而出现身体问题，不得不转行。

形体是举止教育的一个部分，形体不仅是为了好看，也与健康紧密相关，很多身体毛病都是不良姿势导致的。每次提醒别人形体问题时，总是遇到一脸的茫然："是吗？我怎么没有注意到！"这反映了身觉的缺乏。因此，形体的根本问题在于感觉方面。虽然现在很多人在锻炼身体，形体还是存在诸多问题，对形体的追求依然停留在外表，如蜜桃臀、蝴蝶背、天鹅颈，缺乏对内在，尤其是对身觉的重视。实际上，真正将动作姿势做到位，外形远远不够，内形必须通畅。

身觉好了之后，我们会发现人体非常奇妙。一处肌肉弱时，其他部位会自动做出整体上的弥补，但这种弥补会浪费许多不必要的力气，严重影响整体的有效运行，时间一长就会引起伤痛。身觉提高后，我们还会发现许多有趣的现象，比如左右的力量不一样，两条腿不一样长。每一次形体上的进步都让我感慨万分，如果早知道该多好啊！从小学习的话，绝不会有现在这么多困难。

曾仕强老先生说，识人要从后面看，一个人不知道别人从后面看自己的姿势如何，必须有旁人来指点。他还说，十个人里九个人走路姿势不好，左右不平衡。因此，走路姿势的好坏与教养有关。走路晃来晃去，看似小事，实则不然，它说明缺少规矩，自由散漫。说到走路的形体，法国人、德国人都走得笔直，英国人走得更直。美国人就差了，很多是七扭八歪。他们在欧洲不受待见，原因之一就是举止不好，给人一种没有教养的印象。另外，走路姿势的好坏与寿命相关，还是全面素质教育水平的标志。

走路姿势还能反映一个人是否有功夫。小说《逝去的武林》中讲述了形意拳师李仲轩的故事。有一次，他坐火车去青岛，来接站的人并不认识他，但在远处就向他打招呼。见面后，李仲轩好奇地问："你怎么会认出我来？"那人笑着回答："你的走路姿势和我师父一样！"这个故事说明李老先生确实有功夫，他不需要通过赢得比赛来证明自己，走路姿势的技术定型就足以说明他是个练家子。练拳首先要战胜自己，然后才能战胜他人。常见的现象是在公园练拳时有模有样，回家的路上却摇摇晃晃，这说明功夫没有上身，换句话说，技术没有定型。

走路形体改进之后，我还有一个意外的收获：鞋底的外侧磨损减少了许多，一双鞋穿很久都不会坏。形体训练改善了仪表，身体更健康了，也更加珍惜自己，最重要的是身觉提高了。千万不要认为每个人都会走路，不需要专门学习。

举止好的一个重要标志是身静，所谓"站如松，坐如钟"。在一次春节演出中，一位昆曲演员被邀请做主持。大家都非常喜欢她，夸她气质好。我好奇地问了好些人，没有人能具体说出她好在哪里。这是一个常见的现象，有感觉却没有认知。其实，气质的一个主要因素就是静，这里指的是昆曲艺术训练出来的静。静是一种美，一种放松，一种自信，也是一种稳重，更是一种修养。身静才能笔直、放松、自在地站着，亭亭玉立、落落大方。

心静的好处广为人知，其实身静同样重要。身静与心静相辅相成，身静不下来，心也无法静下来。静还有一种气场，越静气场越大，人变得不言自威。对于女孩子来说身静尤为重要，通常男孩子不敢随便戏弄。清宫剧中格格们穿着一种独特的鞋子，鞋跟高，鞋底小。为什么呢？穿这种鞋子必须站得稳，这样才显得高贵、端庄、稳重。满族女子不裹脚，这是更加人道的举止规范，满族先人们的智慧。

身觉教育

近年来，有许多关于成功学的畅销书，这表明读者对这一题材非常感兴趣。瑞典作家安德斯·艾利克森的《刻意练习》（原书名《Peak》）深入解析了一种比天赋更关键的学习方法——刻意练习，强调专注的重要性，而非依赖天赋。在此需要补充的是，"刻意"是理性的，而"用心"是感性的，建议研究一下用心练习的意义。奇怪的是，尽管大家都知道用心练习的重要性，并且常常挂在嘴边，却很少有人专门研究这个话题。这本书虽然对如何成为高手进行了深入探讨，但唯独没有涉及怎样用心练习，更没有讨论感觉方面的内容，给人一种刻意回避这个话题的感觉。

虽然刻意练习对于成为高手确实重要，但需要指出的是，刻意练习与身觉是密不可分的。没有好的身觉，无法进行有效的刻意练习，因为连问题在哪都无法感知，怎么能有针对性地练习呢？高手在感觉方面都特别敏锐，为什么不能正视这个事实并认真讨论一下呢？大家都知道"细节决定成败"的道理，但成功的人却是少数。原因是，从理解到实际操作需要好的感觉，否则细节也就无从说起。

书中还介绍了一个在 20 世纪 60 年代末期，由匈牙利心理学家拉兹洛·波尔贾和妻子克拉拉展开的长达二十五年的实验。拉兹洛在此之前已经研究了数百位在不同领域被视为天才的人，得出的结论是，只要栽培得当，任何孩子都可能成为天才。许多领域如果不从幼年开始训练，绝对不可能出类拔萃，尤其是在身体技能方面。孩子从小训练最终可以拥有超乎寻常的能力，特别是在身觉方面。体育、舞蹈和器乐爱好者对此都有深刻的感受，所谓"童子功"确实不同凡响，后学者难以赶上。

加拿大作者马尔科姆·格拉德韦尔在其著作《异类》（原书名《Outliers》）中介绍了一项"专家们发现，不管什么行业，顶尖运动员、音乐家、棋手，只要有一万小时的训练，基本上都可以成为专家"的研究。这"一万小时定律"虽然过于简单化，但至少说明成为高手需要长时间的训练。然而，还需要补充的是，高手还需要有好的感觉。西方文化刻意忽略感觉的重要性，导致许多人对此一无所知，不懂其重要性，也不知道如何培养，更不了解感性世界的博大精深。

美国有一个身体认识（body awareness）流派——亚历山大技巧（Alexander Technique），由一位澳大利亚人在 20 世纪发明。尽管他们的影响力不如普拉提那样广泛。亚历山大技巧的创始人在声乐表演时遇到了无法克制的紧张，为了克服这一困难，他开始研究人体的生理结构与运动功能，最终发明了一套训练方法，用以帮助提高运动感知，改善运动表现，克服表演中的生理和心理障碍。亚历山大技巧成功地帮助了许多人，并获得了许多音乐艺术家的认可。他们的实践证明，身觉对智力、学习能力、运动能力和演奏能力都有所帮助。他们以私人课的方式传授，学费不菲，普及程度有限。他们的实践尚未被西方主流教育体系所接受，因此只能以私人课的形式传授。虽然英语中有"proprioception"（本体感受）和"kinesthesia"（运动知觉）这些词汇，它们都属于身觉的范畴，但从词汇量上看，显然还远远不够全面与系统。

米其林餐厅的价格不菲，通常高出普通餐馆的十几倍。人们愿意为了愉悦味觉而去那里品尝美味，餐馆生意兴隆说明了什么呢？大众对味觉有认知与欣赏。然而，有趣的是，尽管健身、瑜伽和太极拳等活动很普及，人们对身觉的认知却知之甚少。实际上，身体的愉悦远比品尝一顿三星米其林大餐要来得强烈，但有几个人相信并愿意为此付出呢？

有一位太极拳老师，原本有很多学生，但后来又都不见了，原因是他开始收费了。在美国，瑜伽、健身和舞蹈老师的收入比蓝领工人还低。尽管他们的教学能给学生带来诸多好处，理应得到经济补偿。身体的愉悦是人生的一大快乐，而且是最健康的快乐。如果不能体验身觉快乐，真是人生的一大悲哀，而其中的学问大有可为。然而，大众愿意为生存付出，却不愿为生活付出，即便在发达国家也是如此。

当前推广的太极拳与传统太极拳相差甚远，其健身效果与广播体操差不多。例如，"张弛有道"尚未广为人知，而"身觉"更是少有人知道。健身的最佳方式不是简单的养生，而是唤醒生命。养成善待自己的习惯，提高身觉能力，聆听身体心声，才能获得真正健康。造物主在给予我们生命的同时，还赋予了我们感觉。不去充分利用这些感觉，那真是一种亵渎。一言以蔽之，

重视感觉才能幸福地生活，重视身觉才能健康地生活。

身体的神经系统与大脑的神经系统相互关联，太极

拳的训练中都涉及意念的参与。意念就是大脑神经系统与身体神经系统的互动，意念训练不仅有助于健身，还有开智的效果。举例来说，初级的意念学习包括坐着不动用意念打一套拳。如果没有良好的身觉，身体便不听使唤，意念也无从谈起。优秀的运动员都是非常聪明的人，"体育好的人四肢发达大脑简单"这种说法是一种偏见。全面细致的身体神经系统锻炼不仅提高身体的智慧，也提高大脑的智慧，身体神经系统和大脑神经系统相辅相成。

身体健康需要良好的身觉，幸福生活需要良好的身觉，一技之长也需要良好的身觉，运动爱好更是如此。然而，如此重要的身觉却普遍不受重视，这是否说明教育出了问题？教育不仅应该唤醒对知识的兴趣，还应该同时唤醒对感觉的兴趣。现今的体育教育摒弃传统武术教育的精华，缺乏最为基础的身觉教育。如果普及与推广身觉教育，那么全民健康将会得到质地提高，社会风气、人文素质和运动成绩也会得到提高。

身觉教育的提出是基于我多年习练传统武式太极拳的感悟与思考，希望能对爱好武术、健身和运动的朋友们有所启发和帮助，也真心希望有学者在这方面做出进一步的研究。

人生与心觉

　　人生在世有两件事最为重要：一个是健康，一个是心态。前面聊了健康，这里就来聊聊心态。说到心态，就离不开情感。人之所以为人，是因为有情感。艺术、文化、道德和修养都建立在情感之上，也就是所谓的感性人生。重视感性人生才能有和谐的社会，才能引领下一个文化潮流。

　　在这个快速发展的智能科技时代，只有艺术和情感是人工智能无法取代的。人工智能可以下围棋，可以做许多事情，但它不能替代人类跳舞、唱歌、运动或者演奏音乐。因此，感性生活能力在不远的将来会变得越来越重要。虽然追求理性的目标可能会带来所谓的成功，但是如果缺乏感性能力，特别是心觉能力，将会很难获得真正的快乐与幸福。将会很难获得真正的快乐与幸福。前面讨论了家庭教育中感性部分的重要性，学习工作中直觉重要性，还有体育教育中身觉的重要性，接下来我们再来谈谈人生中心觉的重要性。

开心快乐

大家对心觉并不陌生，心觉不同于其他感觉，但却与所以其他感觉密切相关。通常大家形容高兴时会说："好开心啊！""开心"这个词用得非常有道理。什么是开心？开心就是快乐。比如，当一个孩子来到一个美丽的地方，他们会情不自禁地张开双臂转起圈来。这是为什么呢？孩子高兴时，不仅视觉是开的，触觉也是开的。转动双臂，风吹在身上的感觉使他们倍感爽快。如果仅仅是视觉上的风景美丽，站着不动看就好了，何须转身呢？所以说，真正的开心是一种五官全开的综合感觉，心扉大开才是真正的快乐。

世界上永远存在各种各样的事情，情绪也永远时好时坏。开心可以让我们坦然面对一切，让正面情绪多多进入，让负面情绪快快离开，憋在心里就会得病。一个人开心，才能对内认识真我，对外放飞自我。人贵在认识自己，了解真我。心觉开了，才能感受真我，独立思考，找到属于自己的、真切的感悟。需要特别指出的是，有些人总是小心翼翼，害怕批评，这与成长环境有着很大关系。掩饰内心是一种自我保护，但这种习惯严重阻碍自我认知和情感释放。

大型野生动物纪录片《我们诞生在中国》（Born In China）非常好看。三百多人的专业摄影团队花了三年的时间在野外拍摄了濒临灭绝的珍贵动物的自然生态，其中包括熊猫、金丝猴、雪豹等等。导演陆川反复仔细地审查了三百多小时的素材，从中剪辑出几十分钟的纪录片。在访谈中，当他被问及制作这部影片的最深感受时，他的回答非常有意思：虽然生存环境极其恶劣，但大部分时间它们是快乐的。现如今，不愁吃不愁穿的许多人却不快乐，问题出在哪呢？欠缺感觉能力，失去了本能。人人都有心觉，我们只需去用，越用越好，回归自然。

幸福生活

　　网上有大量讲座讨论幸福，哲学家们也研究幸福，虽然听上去有些道理，但实际上往往不着边际。幸福是一个感性话题，理性的哲学难以解读。有趣的是，那些专家们分析得头头是道，好像感觉完全不存在一样。

　　首先，每个人对幸福的理解都不同。例如，没房时有房才幸福；没钱时有钱才幸福；挨饿时有吃的才幸福；离别时相聚才幸福；生病时健康才幸福。其次，同一个人在不同时期对幸福的理解也不同。例如，小时候依偎在母亲身旁才幸福，长大后有女友才幸福，工作之后有个温馨的家才幸福，老了之后儿孙健康才幸福。总之，幸福随着时间、环境和心态而变化。只有理性的人才会高谈阔论幸福是什么，其实这是非常可笑的，因为幸福是感受来的，而不是思考来的。随时感受身边的一切，

其中既有快乐也有痛苦，没有痛苦哪来的幸福呢？感性的人无时无刻不在感受生活的点点滴滴。换句话说，

幸福就是感受生活中的点点滴滴。

常常听到一句话"身在福中不知福"，批评的就是没有用心地感受。之所以不知福，是因为忽视了生活中触手可及的感受，那些小美好，小幸福。生活中有无数的小幸福。例如，漂泊在外吃上一口家乡菜，在外面内急找到厕所，忙碌之时休息片刻，劳累一天睡个好觉，安静地喝上一杯茶，下班车上有一个座位，回家路上得到一声问候，晚上的菜做得咸淡适中，早上起来睡了个好觉。说白了，幸福人生就是随时体验人生，而不是活在过去或者活在梦想当中。

很多人喜欢专注于遥远的大目标，如成功、成名、发财等，以为那样就会幸福。殊不知，即便实现了这些大目标，幸福感也会转瞬即逝。最糟糕的是，只追求大目标的话，多数时间都不幸福，心里堆积着一大堆负面情绪，搞得周围的人也跟着不愉快，还理直气壮地认为都是别人的错。我们要学会感受小幸福，让幸福充满每一天，才能拥有一个幸福的人生。

一位女作者写了一篇杭州游记，细腻唯美，有滋有味。下面的一段评语很有意思，这位读者原来觉得自己是对生活有所追求的人，读了文章后才知道自己的生活

是多么的粗糙，无意之中慢待了生活。这位女士的感觉
能力非常好，懂得用心精致地生活，才能写出那样的文
章。感觉不但要有宽度而且要有深度，这样才能活出滋
味、活出样子。也就是说，幸福生活是有层次的，感觉
越好，幸福层次越高。何为幸福人生？细品人生呗。喜
欢某种感觉就去细细地品，然后就有了情怀。品的东西
多了，生活就丰富了，有趣了，幸福了。

真挚善良

真挚善良的人具有一种感染力，让人感到舒适自在，愿意与其相处。如果你能理解我所说的，说明你非常幸运，遇到过这样的人。真挚与读书多少无关，有些人书读得很多却很虚伪，而有些人虽然没有读多少书，却非常真挚。很多人以为善良的人愚笨，俗话说"人善被人欺"，实际上这只是因为他们的三观不同。善良虽然容易受伤害，但不会有愧疚感，即使获得一点小小的收获也会满心欢喜。

真挚善良的人认为心情比其他任何东西都重要。心情不是人生的全部，却影响着整个人生。心情无法用金钱衡量，心情不好会带来问题，而且金钱解决不了。这就像一件非常普通的事情——喝茶。虽然环境、茶的品质、茶具和水都很重要，但心情才是最重要的。心情是一辈子的修行，永无止境。天佑有情人，我们要做的就是成为一个有情人。

常见的现象是人们害怕开心带来的痛苦，虽然关闭心觉可以阻挡坏情绪进来，但同时也无法释放出去，时间长了就会生病，心理问题会转化为病理问题。遇到恶言恶语时，想想那些人心态有多么不平衡才能说出那么难听的话，就会释然，不仅不会在意，还会觉得他们可怜。嫉妒无非是小心眼，只看到别人的光鲜，却没有看到别人的付出与牺牲，更没有看到背后的诸多不尽如人意。许多心里的坎，俗话叫"看不开"，说得多贴切啊，就是因为没有全面地看待事物。片面看待事物才会导致极端行为，用恶语伤人，施加迫害，把日子过得像地狱一般。善良的人遇到这样的情况不会去反击，虽然表面上吃了亏，但晚上却可以安心睡觉。仔细观察就会发现，善良的人早已习惯被误解、嫉妒，甚至诽谤，他们既不辩解，也不往心里去。

世界上有各种各样的人，有的人非常真挚，有的人永远看不透，多数人则介于这两者之间。真挚善良的人心觉都非常好，他们知道自己是少数，所以才那么自在坦然。世界上没有完美的人生，无论选择什么都会有得有失，患得患失的人只看到局部利益，无法理解真挚善良的人。

心盲与心觉

有一次在葬礼上遇到一位同事，同大家一样他身穿黑礼服，胡子刮得干干净净，头发梳得整整齐齐，唯有鼻毛乱七八糟地露出来。这种情况并不是看不见，而是没有注意到，俗话说"缺一根弦"或者"缺心眼"。这不是视觉问题，而是心觉问题，是心觉的盲区。这类问题通常不自知也不自觉，难以改变。

大家都会有这样的体验：别人很在意的，我们不在意；我们很在意的，别人又不在意。我自己也有许多心盲，太太可以扳着指头数出一大堆。总之，每个人都有心盲，而且盲区各有不同，千奇百怪，非常有趣。接受这个事实，我们就会变得包容，对自己包容，对旁人也包容。

老师的最大挑战是如何让学生听进去。实际上，老师说的每一句话学生都能听懂，但"听懂"和"听到心里去"是完全不同的两件事。没有听到心里去的原因有很多，其中一个重要原因是"心盲"。这种情况只能等待治愈心盲才能真正奏效。这就如同一位盲人必须在恢复视力后才能看见外部的世界。心盲导致无法感同身受，也就无法从心里理解，这种情况即使讲上万遍也是无用的。

世界的样子是我们选择看到的样子。相信什么就会看到什么，相信不公平就会发现无数不公平，相信美就会发现处处美。人的一生正如所想的那样，我们怎么想、怎么期待，就会有怎样的人生。我们要学会宽心看事、宽心待人、宽心做事，避免片面地认识世界。经常遇到偏执的人，追求单一感官愉悦，这种偏执轻则表现为俗，重则表现为没有良心地伤害他人，而且自己还有一大堆理由。

有人指出，人是低分辨率物种，眼睛只能看到很窄的光谱，耳朵只能听到 20 到两万赫兹的声音。实际上，在人类生存的历史长河中，这种低分辨率并没有任何问题，相反，没有充分利用我们已经有的感觉能力才是问题。

不是所有的外部世界都需要被感知，因为大脑无法处理那么多信息。人有天生的感觉屏障能力，这是一种自我保护和生存功能。这个屏蔽是双向的：对外隐瞒自我的真实感受，对内屏蔽外部的真实世界。譬如，住在铁路旁一段时间后就听不见火车的噪声了，不喜欢的或者无用的信息会被自动屏蔽。当我们认识一种花之后，就会突然发现到处都有这种花。其实，花早就在那里，不认识的时候被自动屏蔽了。色盲的人会觉得这是自己的遗憾之处，但心觉从一开始就不完美，而且不自知不觉，因此也就无法自省。好在心盲还是可以改善的。小孩子不懂大道理，最好的方法是启发与唤醒。有了兴趣之后，养成观察习惯，到上学的时候，心觉和感性知识都会大大超出同龄同学。

除了向外看世界，我们还需要向内了解真我。在这方面，多数人做得还不够。近年来，情商引起了大众的重视，但情商不是从心觉的角度看待问题，而是从外表理性地看情感问题。心觉既有向外的一面，也有向内的一面。心觉好的人不仅情商高，而且自我认知也好。心盲有两种情况：一种是未曾开启，另一种是自我关闭。自我关闭常常是苦难后的自我保护机制。比如，如果生长环境又脏又乱，用心感受只会带来不愉快，因此只好关闭心觉，熟视无睹。这样做既有好处也有坏处。好处是适合在恶劣环境中生存，坏处是在良好环境中无法由衷喜悦。仔细想想，这不也是一种苦难吗？性格背后有因果，缺点背后是苦难，正是这个道理。

物资匮乏时需要理性生存，物资充足时则需要感性生活。在这种情况下，很多人会感到迷茫，出现各种问题，原因就在于他们不会感性生活。年轻时用身体赚钱，年老后再用钱来买健康。这种方法在心觉方面行不通，因为心觉无法买来，只能通过修炼获得。所以有人说："人不修心，活得苦。"。

道德与心觉

　　王阳明在担任官职期间，有一次捕获了一个强盗。强盗对他说："道德廉耻的话我不想听，要杀要剐就痛快些！"王阳明回答道："今天真热啊！咱们把外衣脱了再审案。"到了后来，王阳明甚至建议把裤子也脱了。强盗不愿意脱，王阳明就说："这说明你还有一些羞耻感。"最终，强盗被折服，乖乖地认罪伏法。这则故事常被用来说明即使是强盗也有廉耻心。确实，每个人都有廉耻感，但在细节上却有许多不同。比如，有脱光衣物的廉耻感不等于有通奸的廉耻感，有通奸的廉耻感不等于有强奸的廉耻感。

　　有人在面试了许多强奸罪犯之后，发现他们当中只有一个人认错，因为他们对自己的所作所为存在心盲。心盲是多样化的，程度不同，形态各异。严重的心盲才是犯罪的根本原因，解决这类问题需要的是感化，而不是说教。

那么，良心是如何被遮蔽的呢？王阳明认为是习气所染。习气源于我们所处的社会。王阳明不无遗憾地说，由于不是每个人都自动自发地致良知，所以由众人组成的社会不是真诚坦诚的，而是充满了客套和虚伪。这个观点值得商榷，良知的缺失其实就是心盲。缺乏感性教育或受过创伤才造成心盲，心盲是一种残疾或者说是一种病态。希望有一天医学可以准确诊断心盲，将严重的心盲作为疾病来治疗。

大家都痛恨坏人，认为他们没有良心。坏人其实不知道自己坏，心盲的人总是不自知。他们看问题总是片面的，不是无休止地抱怨别人的缺点，就是只看到别人的优点然后产生嫉妒。这样活着与在地狱里有什么两样呢？所以有一句话很有道理：上帝让一个人成为坏人，就是对这个人的惩罚；上帝让一个人成为好人，就是对这个人的奖赏。

道德与人性和欲望有着千丝万缕的联系。关于欲望，低欲望一方面是可怕的、无趣的，另一方面去除欲望又是不实际的、反人性的。"存天理，去人欲"的修行成效甚微，原因在于欲望无法去除，因为欲望是生存的需要。纵欲是片面的、极端的、不健康的，根治的方法不是去除欲望，而是培养其他的欲望。譬如，心觉是一种综合感觉，尝到心觉好的甜头之后，就不会偏执于其他单一欲望。

对于大多数人来说，提倡那些难以实现的高尚道德成效甚微，《子贡赎人》的故事正是说明了这个道理。崇尚多数人无法达到的高尚道德是行不通的。因此，改善心觉才是提高道德水平的有效方法。心觉良好的人会考虑他人、社会乃至全世界；心觉不佳的人则只会考虑自己，从而引发各种问题。因此，我们必须开启心觉，打开心扉，减少心盲。如果心觉不开，心智也无法得到发展。一旦心觉开启，人们自然会用心学习、工作和做人，从而自然地具有爱心和良心。

宗教与心觉

工作不久的一天，在食堂里我结识了一位会说中文的同事，他那流利的中文口语让我非常吃惊。熟悉之后，我才知道他曾经是一名虔诚的摩门教徒，17岁时就去台湾传教。在那之前，他以为摩门教的生活方式是世界上唯一的生活方式。在台湾，他看到了完全不同的景象，没有信奉摩门教的台湾人竟然过得非常幸福。他受到了强烈的文化冲击，回来后便离开了教会，被"反传教"了。

辜鸿铭曾说过，中国人没有宗教，不是中国人不想要宗教，而是没有对宗教的需求，因为中国人过着一种精神生活。这句话说得非常到位，虽然他没有给出具体的理由。其实原因很简单，人需要理性与感性的平衡。西方先贤用理性看待世界，所以才有严谨的逻辑思维和科学精神，这种情况下比较需要宗教来弥补感性需求。

而中国的先贤，如老子，则是用直觉（心觉）认识世界。中国的传统文化中有琴棋书画、诗词歌赋，感性生活丰富多彩。中国的文字本身就是一种艺术，书法、诗词、歌赋等都有着丰富的感性内涵。所以中国人对宗教有一种世俗化的接受，没有一神论的理性。现今的教育把语文变成了交流工具，识字的人多了，抒发情怀、诗情画意的人却少了。

梁实秋说过："读书和不读书，过的是不一样的人生。"同样地，我们也可以说："感觉和不感觉，过的是不一样的人生。"关于痛苦，有人用"人间地狱"来描述，而关于幸福，却少有人用"人间天堂"来描述。把希望寄托于来世是荒唐的，天堂与地狱都在我们身边，就看我们的心如何去感受。好的心觉是幸福的根本，幸福生活说白了就是感性生活，在平凡的生活中追求人间天堂。

我喜爱秋季旅游，一家人一起去过许多地方看红叶。新罕布什尔州的白山、华盛顿州北部山脉（North Cascade）和田纳西州的烟山都是著名的红叶观赏地。在北部山脉的那次感觉最好，那天蓝天白云，漫山遍野的红叶层林尽染，绿色松树的点缀尤其漂亮，微风吹动森林沙沙作响，空气中飘着松林的味道，不冷不热，湿度恰到好处，温暖的阳光照亮心底，一丝念想油然而生：天堂也许就是这样吧？

这种思绪经常出现在我的脑海里。

艺术与心觉

艺术有很多不同的定义，但总的来说，艺术与心觉紧密相关。从心觉的角度来看，好的艺术能愉悦内心。有一个故事可以说明这一点：一个人花了很多钱买了一幅画，专门挂在书房的墙上，想看的时候就一个人关起门来欣赏。这幅画一定能够愉悦他的内心，其价值来自于他的心觉追求。如果你在看这幅画时没有任何触动，那么你肯定不会花那么多钱去买。

随着经济的繁荣，人们随之追求高端奢华。春晚的演出就是一个很好的例子，整个舞台呈现出极端的视觉冲击，让人眼花缭乱。相比之下，欣赏国画时则有明显的不同感觉，宁静淡远，至真至简。我们可以敞开心扉地观看许久，内心会感到异常平静，并且感受到一丝来自心底的愉悦。春晚的画面追求视觉刺激，观看时让人感觉要紧闭心扉，哪怕留一个缝隙都会觉得闹心。当然了，雅与俗各有其存在的必要。喜庆的日子就应该热闹一番，充满大红大绿的喜庆氛围。个人的体会是，在度过劳累的一天之后，我绝对没有兴致观看严肃的节目，这时反而喜欢看看轻松搞笑的节目。

春晚的艺术愉悦眼睛，是视觉层面上的美；国画艺术愉悦心灵，是心觉层面上的美。正如吴冠中所说："小路艺术愉悦眼睛，大路艺术感动心灵。"这也是吴冠中的法国老师——让·苏弗尔皮（Jean Souverbie）的艺术观点。小路艺术追求感官层面的愉悦，不需要学习，而大路艺术追求心觉层面的愉悦，需要培养、学习和修炼。小路艺术俗，大路艺术雅。只有修炼心觉才能拥有雅的品位，俗和雅的不同在于心觉。心觉开启后，自然会脱离简单趣味，爱好变得更加广泛。

吴冠中曾经说："我的好作品都在我手里，就是舍不得卖，这些作品都是我的好姑娘，总不能一辈子守着我，要嫁给好人家，好人家就是博物馆。"《上海艺术宫》（红馆）设有吴冠中的馆藏展示厅，有机会的话可以去看看。入口处他的题词赫然在目：

"中国的审美素质需要提高
我希望美术馆里能一直挂着我的画

人民看到这些画以后能感受到生活的美好

知道什么是真正的艺术

知道中国有优秀的艺术和艺术家

那我就心满意足了"

吴冠中

　　艺术与心觉紧密相关，没有心觉无法学好艺术。心觉开启才能有心灵的碰撞，才能有精神追求，心觉是艺术文化的根基。心觉好才能做出感人的事迹，唱出感人的歌声，写出感人的文章，拍出感人的照片，跳出感人的舞蹈。北大校长蔡元培一百多年前就倡导美育，美育就是心觉培养，美育就是感性教育的一种形式。心觉好的话，不但可以发现平凡的美，还可以发现无序中的美，抽象的美。简单地说，提高感觉能力才能有艺术欣赏能力，然后才可能有艺术上的成长。

文化与心觉

文化与心觉紧密相关，心觉开启才能有心灵的碰撞，才能有精神追求。心觉是文化艺术的根基，心觉好的人才能做出感人的事迹，唱感人的歌声，写出感人的文章，拍出感人的照片，跳出感人的舞蹈。接下来，我们来探索一下文化这个话题。

有人认为大学教授、知识分子、喜欢读书的人有文化。这个观点有些片面，有文化的人首先应该是有情之人，死读书的人不一定有文化。作家梁晓声对此有四句精辟的概括：

"根植于内心的修养，无需提醒的自觉，以约束为前提的自由，为别人着想的善良。"

——梁晓声

这四句话都与心觉有关，没有好的心觉做不到。根植于内心的修养讲的是心的修养，也就是心觉。无需提醒的自觉讲的也是心觉，遵守规矩不是自觉，跟随心觉走才是自觉。以约束为前提的自由讲的是自律和独立思考，只有发自内心的独立思考和习惯才是自律，服从命令不是自律。为别人着想的善良也是建立在心觉上，能够感受到众生的痛苦才是善良。

现在的年轻人唱的歌与我成长时代的完全不同。记得初来美国时，第一次与台湾同学聚会，我们唱的红歌震惊了台湾同学。其中一位女生在我耳边轻声问道："你们这是唱歌呢，还是要去杀人啊？"我这才意识到我们的唱法与人家不同，人家的唱法是邓丽君那样的。近年来，有人开始提倡唱歌"走心"，我深为这一变化感到由衷地高兴。唱歌走心，做人也就会走心。良心得到呼唤，社会风气就会改变，年轻一代将会更加幸福。这个现象说明了一个道理：没有刻意的压制的话，人心自然向善。

作家贾樟柯在谈到电影导演和作家时指出，好的导演和作家要五官全开，这与心觉全开意思相同。世界上的人形形色色，不可能都是一个模样，追求好心觉才能成为真正有文化的人。

观察与心觉

观察态度可以分为主观和客观两种。主观观察态度是单向的，专门向外寻找自己想要看的东西，这样反应快，适应生存。许多讲座强调有目的地观察，但这种方式存在一个很大的问题，即虽然发现了事实，但不一定全面。片面的观点会导致片面的结论，是所有负面情绪的源头，严重影响身心健康、生活质量、人际关系、学习和工作。换句话说，主观观察用自己的意识框定这个世界，因此产生各种错误结论和负面情绪，整个世界都不如他意，活成了悲剧而不自知。所以有人说，情绪不佳的原因是格局不够大。

开导片面观察的常见说法是换一个角度看问题，这个说法暗示原来的角度有错误，导致从一个片面走入另一个片面。片面的观察怎么能够说是错误呢？绝对是正确的，只不过是不够全面而已。多数人满足于找到事实讲出道理，却完全忽视了全面性。片面的观察很容易找到自圆其说的观点，而全面的观察则非常困难，既费时又费力。当然，井底之蛙的观察就是片面的，这样其实也有优点，自我感觉超级棒，永远有理，永远正确。无知有无知的乐趣，知道有知道的烦恼。另外，无知者还无畏。哪种观察比较好呢？仁者见仁，智者见智。

不同的观察态度反映完全不同的人生。视觉观察仅限于视觉感官，而心觉观察则是所有感官的参与：视觉在看，嗅觉在闻，听觉在聆听，触觉在体会，心觉在品味。这样我们才有全面的感受，发现瑕疵其实并不影响总体体验。片面观察肤浅不全面，而心觉观察细致全面，能发现新事物、推翻旧观点，探索未知，寻求真相，并善于发现和学习他人的优点。

心觉观察是一种探索的、开放的心态来观察世界，关注不同之处和有趣之处。敞开心扉地、没有目的地观察才能发现新的事物，避免以偏概全。有目的地观察总是片面的，因为主观性限制了全面性。学会心觉观察，人生才会少些烦恼，多些乐趣。这个能力对理性学习也有帮助，感性地观察和思考才会有更多的领悟。日常生活中有无数值得观察、学习与思考的东西。心觉观察不仅提高生活情趣，还增强记忆力，开阔视野和格局，并提高理性学习能力。心觉观察是双向开放的，对外以开放的心态观察世界，尽量更多地感受并全面地看问题；对内了解真我，敞开心扉勇敢地接受真实的自我。

绘画和艺术品鉴赏家需要进行"饱和学习"，即大量地观看真品，以建立足够的知识点。简单来说，饱和学习就是避免片面性。虽然社会上不需要很多艺术品鉴赏家，但我们每个人都应该成为生活中的鉴赏家。观察习惯的思维方式与鉴赏家的思维方式完全一致，而且在年龄上更早培养，非常有利于大脑的发育和成长。拥有观察习惯的孩子长大后会更加聪明敏锐，见识广博，自然会成为生活鉴赏家。

成为生活鉴赏家并不需要上大学或读研，只需唤醒对观察的兴趣。例如，听口音能够辨别出对方来自哪里，看举止可以推测对方的职业，尝一口菜能知道所用的食材和调料，喝一口茶能辨别产地和品种，在嘴里抿一下鱼肉就知道是什么鱼。有这类能力的人通常直觉敏锐，善于感受和勤于思考，随时在完善自己的直觉。直觉多了，脑子就灵活，最终积累成生活智慧。通常，有观察习惯的人有趣、直觉好、心觉灵敏、记忆力强、知识广泛。

观察能力强的人往往是先成为生活鉴赏家，然后才成为作家、艺术家、收藏家或业界高手。看过马未都的节目就会发现，他的观察力超强，且敢于发表自己的观点，是一个典型的观察能力强的人。虽然他自称只读了四年小学，但其学识远超一些专家学者。这就是观察习惯的厉害之处，不仅使人拥有丰富有趣的人生，还能增长学识和获得人生智慧。

观察习惯增长学识，涉猎广泛，包括生活、音乐、绘画、体育等领域。巨大的知识量有助于提高脑力。好的联想能力增强抽象思维，完善知识架构，提高处理复杂系统的能力。生活鉴赏家都是用心观察的高手，能够知晓每一次感受的好与妙之处。用心观察不仅能学习知识、增长见识、激发思考，还能锻炼脑力、完善直觉、加强记忆力和提高想象力。

记忆与心觉

　　记忆力是生存的基本能力。记忆方法有很多种。父亲曾经说过，他在学习德语时，为了不打扰别人，经常坐车到郊外找一个空旷的地方大声朗诵，这是一种他在私塾学习中掌握的记忆方法。在读博的最后一年，我遇到了一门记忆力课程传销。当时我心想，这对将来的工作一定有所帮助，因此花了 399 美元订购了教程和磁带。对于当时的我这个穷学生来说，这是一笔大投资。然而，学到一半时我就放弃了，因为我意识到宫殿记忆法其实是一种联想方法，而我早已有了类似的记忆习惯，无需再学另一套方法。虽然宫殿记忆法可以融会大量知识点，但它有一个严重欠缺：没有观点的形成，单纯为了记忆而记忆，记忆架构没有后续增长，脱离实际，缺少可持续性的扩展，因此无法获得更大的格局和具有生活意义的智慧。

我的记忆方法是一种感性的记忆方法，这里姑且称之为心觉记忆方法。什么是心觉记忆方法呢？就是用心观察后产生的记忆。比如，小时候串亲戚时，一切都是那么新鲜有趣，我会注意每个人的样子、说话的口音、动作的姿态、不同的声响、触觉和味道等等。那里的山山水水、一草一木，一个眼神一个微笑，几十年后都不会忘记。这就是心觉记忆，一种与生俱来的能力。理性的记忆方法是记住姥爷姥姥家有几口人、年龄、地名、人名、有几间房间、做了几盘菜等等。感性的记忆是记住亲人的模样、说话的口音、言谈举止、菜的口感、颜色和味道等等。

有人会说，记忆那么多东西多累呀！理性地去记忆当然会非常累，而且无法记住感性内容。比如，吃饭时如果想着其他事情肯定不会记住吃了什么，但如果用心品尝，那么不但会记住吃了什么，还会记住味道如何、与之前哪道菜相似、又有何不同等等。简而言之，用心感受自然会记得，无需刻意去记忆，能感受多少就能记住多少。大脑的容量非常之大，大可不必担心容纳不下。换句话说，有了心觉观察习惯，只有感受不到的，没有记不住的。心觉记忆有一个有趣的特征：没有类似情景时很难想起来，但一旦类似感觉出现，几十年前的往事都能浮现出来。心觉记忆还有一个特别的提取特征：当时感受得越深，事后浮现出来得越快。

有人说要忘记不好的过往，对这类刻意忘记的说教我不敢苟同。首先，真正的苦难不可能被忘记，即便能够被忘记也没那个必要，因为有过痛苦经历，我们才珍惜当下，遇到困难知道没什么了不起，大苦大难都经历过。如果真的忘记过去的痛苦，那么遇到一点麻烦都会是天大的痛苦。忘记过去只会换来不同的痛苦，没有从根本上解决问题。经历是人生宝贵的一部分，为什么要忘记呢？一个好方法是更广泛地向外看世界，这时就会发现有那么多的深重苦难、巨大的不公，从而成为一个有格局的宽心的人。

心觉观察能培养记忆力和丰富见识，观点不断得以完善，心胸不断变得开阔，联想不断得以加强，知识不断得以扩展，理解不断得以深入，最终形成一个巨大的生活知识架构。这个架构对认识这个丰富的世界、做好复杂的工程设计、解决尖端的科学问题都是不可或缺的。这里要特别指出的是，这个知识架构还是一个自然的系统，而不是人为的架构。衷心感谢母亲培养了我的心觉记忆习惯，虽然我没有像父亲那样受到过系统的私塾记忆训练，记忆力远没有他的好，但是后来的工作证明我的记忆力还是足够用。

心静与心觉

　　静下心来是一门重要的人生功课，其方法其实非常简单。外界有许多关于心态的讨论，这些讨论都非常有道理，但很少涉及如何具体做到这一点。殊不知，光懂得道理是没有用的，静下心来才是最基本的心态调理。只有静下心来，感觉才会变得敏锐，才能获得更多的觉悟，才能专心思考、学习、生活和做事。真挚善良的人都是心静之人，与他们在一起时，无言的陪伴都是一种享受。

　　随着年龄的增长，我越来越意识到心静的重要性。心不静，就不可能有好的心态。没有遇到过真正心静的人，无法体会到其好处。非常幸运的是，我的母亲是一个能够静下心来的人，这对我的影响极其巨大非常深远。

　　心静时，观察力才会变得敏锐，能够发现生活中的滑稽、可笑和有趣之处。浮躁的人完全感觉不到那些有趣的事情，而心静的人则可以清晰地感觉到。非常重要的是，静下心来可以一扫负面情绪，是最好的心理自愈方法。心静的习惯最好在孩提时期培养，家长可以带孩子去图书馆、艺术馆和书店里待上几小时，安静地喝杯茶，读一本书，弹一首曲子，亲近大自然等等。心静才能了解真实的自我，才能避免违心地做事情。心静才能放松地调理身心，处在自在的状态。心静才能感觉到细微的东西，如实地观察事物。心静才能更好地专注于学习与工作，进入深度思考。心静才能悠闲地品味丰富的人生。总之，心静的好处非常多。

现代生活忙碌浮躁，学会忙里偷闲，闹中觅静，对身心都有好处，还会感染身边的人。静、慢、松是幸福人生的基本素质，需要引起更多人的重视。生活常态就是坎坎坷坷、忙忙碌碌，一定要学会忙里偷闲，闹中觅静，对身心都有好处，还会感染身边的人。人一旦静下来了，就多了一些祥和，少了一些纷争；多了一些幸福，少了一些灾祸。

心静会带来一个不同的人生，这里引用一些常用的描述作为参考：

心静则清

心静则明

心静则灵

心静则慧

　　还有人说:"心有多静，福有多深。"能慢下来的人才是高人，慢而后能静，静而后能慧，说的都是同一个道理。

　　谈到此处顺便说一个与心静有关的识人方法。外边有很多识人的方法，但这些理性的方法，听上去有道理，却忽视了一个重要特质—心静。其实，识人还要感觉心静与否，心不静的话，一相处闹心；二沟通困难；三成不了大事，最要命的是心不静的人大概率是不会改变的。

真善美与心觉

真善美有感性和理性的两种理解，两者相差甚远。从理性角度诠释："真"就是科学求真，"善"就是做好事，"美"就是一种青山绿水的感受。从心觉的角度来看，真善美则有以下定义：

真是对内心的全面开放与接受。
善是对众生的全面感受与理解。
美是对万物的全面接受与欣赏。

真就是对内心的全面开放与接受。有的人非常真挚，没有任何掩饰，用开放的心胸为人处世。而有的人则完全掩饰其内心，永远让人搞不清楚他们在想什么。这两种人都是少数，多数人介于这两者之间，呈现出一个正态分布。真挚的人具有一种吸引力，让人愿意与其相伴而无需多言。明白这一点的人是非常有福的，因为他们一定遇到过这样的人。

追求真并没有那么难，不需要上大学，很多普通人都很真挚。那些不真挚的人不会流露真情，也不可能成为顶尖艺术家。郎朗和王羽佳是我喜爱的钢琴家，他们的老师评价他们时说，他们是非常天真的孩子，最近见到他们依然是那么率真，两个人都受到"童心未泯"的称赞。也就是说，他们都善于真情流露和心觉全开。这就是顶尖艺术家必备的气质，灵气来自率真。率真的人才会用心学习，学习和工作效率明显高于常人，情感表达能力也会超级棒，因此在艺术上有所成就。

善是对众生的全面接受与理解。当对众生有全面理解之后，心中便会有风和日丽的善。片面地看人看事会导致偏激和偏执，越片面越偏激。多数人在看待事物时过分强调真实性，完全忽略了片面性，因此导致过于偏激的观点和狭隘的偏见。善的最高境界是慈悲，慈悲没有对立面，容纳接受世间的一切。譬如，喜欢濒临灭绝的雪豹，同时也要接受它们需要扑杀岩羊来赖以生存。人之初，性本善。这句话值得商榷。婴儿的感官一开始还没有发育完全，何来的善呢？在成长过程中，心觉开始是越来越开，但后来遇到挫折与规矩又变得越来越窄。所以说，我们需要努力修行才能打开心觉，对这个世界有一个尽量全面的认知。

美，就是对万物的全面接受与欣赏。一般人理解的美是那种完美无瑕，带着明显的主观痕迹，是一种非常片面的追求。实际上，高层次的美就是真，世间万物都是美的。那些瑕疵、无章、不对称之处，是被主观意识扭曲了的"丑"，没有全面地接受与客观地欣赏。譬如，春天的绿叶美，夏天的树冠美，秋天的红叶美，冬天的树干也美，大自然的一切都美。

为什么这样说呢？因为对真善美的追求实际上就是对幸福的追求。比方说，秋天去看红叶时，可能会看到一些枯死的松柏，拍照时觉得画面不够完美。这时候我们要学会扪心自问，心觉真的不愉悦吗？如果答案是否定的，因为大片的红叶真的很美，那么十有八九我们是片面了。松树的枯死是气候和树皮甲虫造成的，如果不接受这个自然现象，那么就很难幸福。

有人说，大师能在平常事物中发现美，这不应该是大师专有的能力，我们大家都应该有。尽管生活总是匆匆忙忙，千万不要忘记随时停下脚步，欣赏一下周边的风景。心觉好的人生活既有深度也有宽度，有广泛的兴趣爱好。当然，很多美需要深度学习之后才会欣赏，但是对生活中美的欣赏则是最基本的，完全可以由家长或小学老师来引导。童年时期感受过美，长大之后自然会爱美。小时候经常郊游的人，长大以后就会热爱大自然，常被美所陶冶，性格就会有所变化，感悟也会比较深刻。

心觉的唤醒

　　这里讨论的心觉是前面感性家教感性人生的一部分。心觉对于生活、观察、学习、文化、艺术、道德和修养都至关重要，所以我们在此专门讨论。心觉需要唤醒，而不是讲道理。在孩童时期，应通过启发来培养和唤醒他们的心觉。提高心觉能力无需说教，也没有任何约束，而是要用心感受，随其自然，活出个性。这样不仅具有多样性，还能促进发明创造，社会因此有所进步，人类因此赖以生存。

　　需要指出的是，王阳明的心学是理性的，而这里的心觉则是感性的。我们并不是说道理没有用，而是说如果没有心觉，道理也就没有用。只有重视感觉才能幸福地生活，重视身觉才能健康地生活，重视心觉才能有品味地生活。

总而言之，

心觉是艺术、文化、道德、信仰、真善美、幸福人生的来源。

心觉应该得到更多人的重视，特别是关心家庭教育和素质教育的人的重视。

音乐人生

　　音乐是人类不可缺少的精神食粮，没有音乐的世界是无法想象的。著名德国指挥家卡拉扬曾经说过："任何能与音乐相伴终身的人，都已经得到了上帝给予的最大恩赐。"音乐陶冶情操，升华灵魂，让我们生活在一个美妙而动听的世界，随时随地满足着我们的精神需求，让我们随时随地都能体会到音符的美妙。我衷心感谢父母培养了我的音乐爱好，使我拥有了一个丰富的音乐人生。音乐中既有理性也有感性的部分，而感性的部分尤为重要，下面我们就来主要讨论一下音乐中的感性部分。

音乐启蒙

六岁那年，母亲为我买来一架全新的《东方红》牌钢琴。当时的我并不喜欢弹琴，每次练琴都是母亲耐心地陪伴我。那时的杨静波老师一定认为我既没有音乐天赋，也不是学习音乐的料。多年之后，我才爱上音乐，衷心感谢父母给予我的音乐启蒙，使我后来能有一个丰富的音乐人生。

父亲同样喜爱音乐，与许多留洋教授们不同，他更加喜爱民族音乐。他的三姨父是一位擅长各种民族乐器的道士，很早就发现了父亲的音乐天赋，并将自己所学悉数传授给他，以至于后来没能接班让三姨父大失所望。第一年在德国学习德语时，父亲还去学习钢琴。他说《车尔尼钢琴一百首》只用一周就弹完了。当钢琴老师听说他要去学习数学后，当时就惋惜地落了泪，她说："你不去学习音乐太可惜了！"父亲解释说，中国急需科学技术，所以要去学数学。

"文革"开始后，我不能再学钢琴，闲职在家的父亲开始教我民乐。11 岁生日时，他给我买了一支笛子；12 岁生日那天，又买了一把京二胡。记得那把琴没有琴盒，包装就是一张牛皮纸。京二胡比京胡大比二胡小，是专门配合京胡演奏的乐器，适合我们一起演奏京戏。就这样，我开始学习比较冷门的京二胡和京胡。父亲的京胡拉得非常好，他曾说过如果不做教授就去做琴师。他的京胡曾经得到民国四公子之一张伯驹的称赞，马连良的琴师李慕良与他也很熟，俩人曾经在一起探讨过胡琴技巧。

跟随父亲下放到农村接受改造时，在那冰天雪地的漫长冬季里，陪伴我们父子的就是音乐。他凭着记忆仔细地把谱子一页一页地写给我，所有曲子我都能背下来。一起演奏的时候，他常常脱离琴谱，随意变出一些花样，我都能记住并演奏出来。有趣的是，我没有练过一首练习曲，只是跟着他一起演奏，模仿他的琴声和样子。他寓教于乐，他简我繁或者他繁我简，我们合奏起来充满乐趣。他还教我古老的工尺谱，以及江南丝竹《三六》《梅花三弄》等乐曲。演奏京剧时，他拉京胡，我拉京二胡；演奏江南丝竹时，他拉京二胡，我吹笛子。胡琴这个普通乐器，从他的精神慰藉潜移默化地成了我的情感港湾，伴随着我的一生。

杨骥云老师

　　1972 年秋天从乡下回到城里后，父亲因忙于工作无法继续教我拉琴，于是请来了杨骥云老师。他是吉林省京剧团团长毛世来的琴师。毛世来是继梅兰芳四大名旦之后的四小名旦之一，50 年代后期，他的戏班子从北京迁到长春，成立了吉林省京剧团。

　　杨老师当时四十出头，高高的个子，戴着一副深度眼镜。当时他似乎闲职在家，所以对于我去学琴感到非常高兴。每个周日，我骑半小时自行车去他家上课。他花了大量时间让我听他拉琴，当时我不明白为什么要听他演奏，直到近一年后我才逐渐听出其中的细节。

　　那个时候，我已经过了青春期。学音乐和学语言一样，青春期之前是最容易学会的。如果我早几年学，估计就不会那么困难了。这就如同我至今也听不出来广东话的不同语调一样。

　　杨老师让我懂得：第一，拉好琴首先要有好的听觉，听觉好才能有艺术上的追求，也才有可能在琴艺上有所提高；第二，拉出声音和拉出好听的声音是完全不同的两码事，后者需要首先弄清楚什么好听，然后用正确的方法下一番苦功。

　　京胡是胡琴家族中最小的乐器，也是最难驾驭的。为了烘托京剧的高昂唱腔，京胡的琴弦非常紧，没有小提琴那样的指板，所以需要很大的力度按弦运弓，否则噪音一片，难听刺耳。初学时，琴弦勒得手指钻心的痛，后来长出老皮才不痛了。当时确实下了一番苦功。传统京胡的按弦方法是用手指指肚侧面按弦，因为这样才能控制住琴弦。拉好京胡非常不容易，手上一开始会有老茧，磨去多次之后才形成老皮。老茧过硬，感觉不到琴弦，琴声不够好。有了老皮按弦时手才不痛，这时的琴声是最好的。那时我能拉出干净饱满的琴声，而且换弓没有痕迹。现在很多京胡独奏是由二胡出身的人演奏，按弦不够稳定，运弓欠缺力道。完全没有京胡的味道，当然，多数人听不出来，但我一听就知道：只有琴皮的振动，没有琴身的振动，琴声发飘，不够饱满。

　　高中毕业后的下乡生活使我失去了继续深入学习的机会，可喜的是，杨老师让我认识到听觉的重要性。什么是好听的琴声呢？好听的琴声不仅每一个音都要清晰和饱满，还要有穿透力，这里就来说说穿透力。多数人听不出穿透力，因为我们不可能在远处听自己的琴声，必须学会在近处知晓是否有穿透力，这样才能拉出好听动人的声音。请注意，穿透力与音量不是一回事，音量大不一定传得远，音量小不一定传得不远。有穿透力的弱音其实最难拉，越弱越要精准地控制。大师们演奏的弱音可以传得很远，而且整个乐团都压不住。

这里举几个穿透力的故事。观看音乐演出时，注意观察的话会发现一些人看到演员用麦克风会皱眉头，原因就是麦克风破坏了穿透力声音的美。高手无需麦克风也能让大家听见。

有一位朋友的孩子学习小提琴，从著名小提琴家伊扎克·帕尔曼的大师课回来后，惊叹地说了好几遍："太好听了！太动人了！与 CD 完全不一样。"那么，不一样在哪里呢？既不是音高，也不是音量，而是那动人心弦的穿透力。

1995 年，南加州合唱团在圣地亚哥演唱《黄河大合唱》，纪念抗战胜利 50 周年。我太太遇到一位专程从东部赶来听女高音江燕燕演唱《黄河冤》的女士。她特意坐在后排，因为她懂得音乐欣赏。距离可以过滤掉传不远的杂音，使她听到的是那好听的、具有穿透力的声音。

　　十年之后，南加州华人合唱团三百多人又一次演唱《黄河大合唱》，纪念抗战胜利 70 周年。这次演出在洛杉矶的迪斯尼音乐厅进行，那里的音响效果非常出色。我正巧坐在剧场的最上面。当廖昌永领唱《黄河颂》时，他那有穿透力的歌声充满了大厅的穹顶，在我周围回声缭绕，而舞台前面却听不到这种美妙的声音。其他领唱的歌声都没能充满大厅，有一位的轻唱几乎听不见。不同专业歌手的穿透力差别竟然如此悬殊，给我留下了深刻的印象。

　　对类似穿透力这样的细节感兴趣之后，我们就会对现场音乐产生兴趣，发现越来越多的有趣现象。音乐欣赏水平提高的同时，自己的演奏水平也会有所提高。总之，听觉的提高是一个非常有趣的过程。

谈谈表演

现在学习乐器的孩子越来越多，这是一个非常好的现象。不过，很多家长只关心上私人课和在家练琴，却忽视了表演的学习。这里我想分享一下我的体会与经历，希望能引起大家对表演的重视。

小时候，母亲经常教我唱歌。家里来客人时，她就让我为大家唱首歌。一开始，我非常尴尬，但慢慢地，我能够大方地在客人面前唱歌了。每次客人走后，她都会夸奖我，并指点我下次应该注意什么。后来，我得到了客人们的真诚赞许，不再害羞，与客人们讲话也越来越自如。就这样，从很小的时候开始，家里的接人待物就由我来担当。

母亲还会带我去听音乐会，使我对表演产生了兴趣。那时我还小，因为没有票，就常常自己坐在靠近舞台的过道上看演出。当时，长春电影制片场经常有音乐会，保加利亚留学的著名花腔女高音包桂芳每次都有独唱。有一次，她要出场时，台下一片混乱。她身着落地的大裙子，忽悠一下飘到舞台中央，台下立刻安静了。这种控场能力给我留下了深刻的印象，我学会了要精神抖擞地快步上台。二十多年后，我才明白其中的道理。原来，人与动物的视觉对静止的东西不敏感，而对快速运动的东西非常敏感，这是进化过程中为求生存而形成的反应。包桂芳巧妙地利用了这个反应：报幕员下台后观众乱哄哄，大幕徐徐拉开时观众没有反应，钢琴伴奏安静地走上台时观众依然乱哄哄，她那近乎小跑的出台立即引起了注意，突如其来的动作瞬间让观众安静下来。

表演艺术包含的内容极其丰富，内涵非常有趣，经常参加演出活动会学到许多学校和书本里没有的东西。体育竞赛中的运动员需要全身高度集中，这样才能取得好成绩。而音乐演出则有所不同，一定要重视与观众的互动，这样才能有好的演出效果。如果演奏者专注于完美的演奏而忽略与观众的互动，那么演出效果就会大打折扣。

我父亲去德国留学时，由于行李限制只带了三件小型乐器：笛子、笙和京胡。在语言学校的毕业典礼上，他表演了笙独奏。演奏前他介绍说："你们的音乐教授说中国音乐只有五音，我手中的笙有七音。你们的教授还说中国音乐只有单音没有和声，我手中的笙有和声。现在我就来演奏给你们听。"他演奏了一曲《梅花三弄》，他的节奏越来越快，结尾突然收住。台下余犹未尽，顿时鸦雀无声，接着掌声雷动。他不仅擅长演奏，也非常擅长表演。

再举一个我自己的例子。在高中时，我是学校乐队的首席，负责演奏高胡和板胡，同时还给京剧独唱做京胡伴奏，因此积累了丰富的表演经验。下乡后的第一个春节，公社里的所有知青都去参加演出。前面的几个节目过去后，台下依旧乱哄哄的。看此情形，我知道原本准备的二胡独奏肯定压不住场子。正在发愁之际，我看到旁边有一把板胡，赶紧借来即兴表演了一曲板胡独奏。随着演奏的进行，听到台下越来越安静，我随即把结尾改成了渐慢，声量越来越小，最后用微弱的泛音结束。台下鸦雀无声，我没有立即抬头，过了片刻，掌声才轰然响起。就这样，我一炮打响，大家都知道我胡琴拉得很棒。其实，更多的是表演的效果，那时我已经许久没有摸琴了。经常参加音乐活动和对表演的兴趣对我帮助很大。

表演与演奏相辅相成，获得掌声鼓励之后，自信心会增强，进而促进练琴的兴趣。如果能够驾驭独奏表演，那就更好了，这样不仅能提高在压力下的超常发挥能力，在考试和工作时也能更好地承受压力。表演需要首先对演奏的曲子烂熟于心，这样才能兼顾乐队、指挥和表演等多个方面。简而言之，只关注练琴考级是不够的，表演不仅重要，而且非常有趣。乐器学习是让孩子具备参与音乐活动的手段，不要把手段当成目的，千万不要只花时间学习演奏而忽略表演，结果一上台就紧张，无法充分展现自己的才华。

这里分享一个避免上台紧张的方法。好的表演需要演奏者有高度的兴奋，孩子很小的时候家里来人时会表现得"人前疯"，这种兴奋在表演中同样重要。兴奋首先提高了演出的感染力，演奏者兴奋十分的话，观众能感受到五分就不错了。如果演奏者不够兴奋，那么观众就什么都感觉不到了。另外，多数人都有演出紧张的问题，兴奋可以有效地缓解紧张。演出之后如果没有精神筋疲力尽、汗水淋漓，说明还没有足够的兴奋。我经常在演出后的好几天里脑海中余音袅袅，说明当时是多么的兴奋。所以说，学习乐器的同时应该重视表演，表演锻炼高度集中和兴奋的能力，这样才能更好地发挥。有了这种能力，不仅能轻松驾驭表演，还能比平时演奏得更好。

有了专注与兴奋的能力，在考试中也会有好成绩，上台讲话不发怵，体育比赛也会有好成绩。这种兴奋度在其他方面也会有所体现，触类旁通。表演还可以锻炼表现力，那么如何让演奏更加感人呢？方法很简单，每次练习都在自我欣赏，养成这个习惯，不仅琴声好听，还能避免上台紧张，因为演出时只不过是和观众一起来欣赏罢了。

　　有人说，人生如戏。既然是戏，那就要学习如何演好它。

表演《平沙落雁》

    2002 年，为了方便在英伟达工作，我们全家从圣地亚哥搬到湾区斯坦福大学附近。我加入了斯坦福大学音乐系的邮件群，这样可以收到他们举办讲座的消息。虽然那里几乎每周都有讲座，步行过去仅需十几分钟，但由于工作太忙，五年间我只去过三次。其中一次是关于传统印度音乐的讲座。为什么选择印度音乐呢？因为父亲曾经说过印度音乐很好听。

    那天的讲座有三位表演者，一位鼓手、一位西塔尔琴手和一位坦布拉琴手。三人席地而坐，没有节目单，完全靠与观众的互动来决定演奏曲目。这场别具风格的演出给了我很深的印象，也使我想起了古琴——中国的传统弹拨乐器。从此，我开始研究和学习古琴。一次回国访问期间，我在扬州有幸拜访了著名的古琴老师马维衡，在他的家中聆听古琴，别具一格，深受感动。他说的一句话让我印象很深："古琴是不是比古筝静多了？"

2007 年，我加入高通公司后，全家搬回圣地亚哥。2009 年，在组织春节演出时，我结识了博华民乐团。当时乐团只有 11 个人。在美国能有这样一个民乐团实属不易，我随即决定和太太一起加入，弘扬民乐。太太弹中阮，我拉二胡，一个 13 人的民乐团就这样第一次在春晚舞台上与观众见面。演出后，马上就有民乐爱好者找到后台来，每次演出都会吸引到新的团员参加，同时还会得到慷慨捐助。乐团有一个铁打不动的传统，每个星期天都排练，就这样乐团日益壮大起来。

2010 年 9 月 19 日，乐团成功举办了第一届民乐专场音乐会《中秋民乐夜》。这次活动创造了好几个社区的第一：第一次民乐专场音乐会，第一次售票演出，第一次按时开演。此前的活动都是免费送票，许多人拿到票后还是没来，演出时间拖拖拉拉，台下进进出出嘈杂混乱。晚会的主题是什么呢？当时我正在弹古琴，因此决定以中国古典音乐为主题，主要推出两首曲子，箫独奏《秋江夜泊》和古琴独奏《平沙落雁》。其中，箫由一名热爱中国音乐的美国朋友演奏，古琴则由我来演奏。圣地亚哥古琴社当时还没有多少人，这是一次推广古琴的好机会。

当晚，演出在不到三百人的小剧场举行，座无虚席，观众中有许多美国人。古琴和箫独奏时，关闭了舞台灯光，只用追光灯和背景图像。全场鸦雀无声，台上演得认真，台下听得入神。整场演出节目紧凑一气呵成，别具声色的演出效果出奇地好，受到了广泛好评，当地的报纸还做了专门报道。多年之后，还有人向我提起那次演出。演出当晚，我们特意安排古琴社、舞蹈团和合唱团的朋友们都穿上中式服装。演出后，大厅里还展示了民族乐器，许多观众留下来与我们热情交流，久久舍不得离去。

表演《二泉映月》

从小听着父亲的琴声长大，他不仅自己喜欢演出，还经常带我去观看演出。除了京胡之外，我还喜欢二胡，特别是阿炳的《二泉映月》。吉林艺术学院原本是东北师范大学音乐系的一部分，离我家只有一条街之隔，老师们和我们住在同一个宿舍区。那时在路上经常能听到二胡名家甘柏林老师的琴声，虽然我没有跟他学琴，但可以说他是我的二胡启蒙老师。因为从小听胡琴长大的，我一听就知道是他拉的。因为非常喜欢他的二胡，以至于在上小学时，我用自己的3角3分钱买了一本《阿炳曲集》。这本曲谱一直跟随在我身边，五十多年了，纸张早已泛黄。

2010年，我去无锡的锡惠公园旅游，在公园内的"天下第二泉"旁，有两位姑娘在演奏《二泉映月》。见此情景，我向其中一位姑娘借用胡琴，一起演奏起来。她们非常惊讶我能配合得那么好。其实，《二泉映月》原曲有六段，外面的演奏多不完整。她们的伴奏音乐选择了不同的段落，因为熟悉原曲，我才配合得很好。2008年，我有幸在北京吕建华老师家中看到一把黑檀二泉二胡，非常满意，当即买了下来，因为演奏阿炳的曲目一直是我的梦想。

2012 年 6 月，博华民乐团举办了第二届音乐会，这次又是由我担任导演。此时乐团已有三十多名队员，但还是找不到好的帮手。演出当天，我一人身兼数职，既是导演，又是演员，还兼任舞台监督和节目调度，并参加合奏节目，还表演了一曲二胡独奏《二泉映月》。大家耳熟能详的《二泉映月》其实并不好演奏。我们现在听到的版本多是悲愤的情绪处理。实际上，《二泉映月》这个名字是后人取的，阿炳的这首曲子原本没有名字。当被问到曲名时，他说就叫《依心曲》吧。既然是《依心曲》，曲子就应该随着心情变化。一个靠音乐吃饭的人，不可能总是给大家带来悲愤的情绪，那样的话就没有多少人愿意给钱了。所以在这次演出中，我进行了大胆的尝试，用原曲本身就具有的优美动听的江南风味来演奏这首曲子，尽量做到哀而不伤。这次演出获得了好评，《世界日报》和多家地方报纸都做了报道。

表演《夜深沉》

在成功举办博华民乐团的第二届专场音乐会之后，我萌生了演出《夜深沉》的想法。与指挥刘连祥沟通后，他给予了大力支持，我们决定排练《夜深沉》。团长丁品和夫人涂迟更是积极支持，从国内购置了昂贵且硕大的打击乐器。经过两年的努力，我们成功推出了乐团的第一部协奏曲《夜深沉》。

京胡原先只是一个伴奏乐器，如今已成为独奏乐器，从台侧走向了台前。京胡以其脆亮、高亢、刚劲有力、穿透力强的独特声音和表现力，屹立于民族乐器之林。各种京胡独奏曲层出不穷，而我最喜欢的便是《夜深沉》。此曲由吴华根据京剧《霸王别姬》中的曲牌《夜深沉》改编而成，表现了楚霸王英雄末路、虞姬自刎殉情的悲情一幕。父亲当年在德国还曾表演过此曲，并教两个德国姑娘剑舞来配合他的独奏。他的版本与吴华的不同，很多处理细腻独到，可惜一直没有机会演奏他的版本。

命运真的不可预测。当年一起学习乐器的同学中，有不少人参军当了文艺兵，穿着军装领着工资，让我羡慕不已。没想到的是，当年不被看好的冷门乐器京胡，如今却成了热门独奏乐器。庆幸的是，当年的功夫没有白费，我还有一些肌肉记忆，很快就准备好了演出。在远离祖国的美国，能与博华乐团和才华横溢的刘连祥指挥一起演绎京胡协奏曲《夜深沉》，心中的感激和珍惜不言而喻。那天，我尽力拉出了京胡刚劲有力、穿透力强的独特音色，声音充满了整个音乐大厅。远在北京的著名京胡演奏家刘正辉老师观看录像后，来信鼓励说："老琴拉出新感觉，演奏气势磅礴、琴音清脆、技法娴熟、操琴整体与演奏协调能力佳，力挺。"

《夜深沉》这个节目得到了专业老师的好评，成为乐团的保留节目。没想到民乐团越办越大，2017 年 8 月第四届香港国际音乐节在香港举行，从世界各地近八万选手中选出三千多选手参赛。尽管近一半的团员由于学习工作原因未能成行，我们竟然获得了第二名的好成绩。比赛名次是基于具体水平，有些项目里没有第一名，对我们这个业余乐团来说，这是一个可喜可贺的成绩。没有人知道的是，由于曾经的小中风，我的左手手指失去了原有的灵活，无法演奏出好听的打音。这次演出最大的遗憾是那把老琴的皮子坏了，只好临时改用二黄胡琴，琴声因此大打折扣。欣慰的是，有一位评委起立鼓掌，高度评价了我们的演出，表示没有想到在美国还有这么优秀的业余民族乐团！

音乐欣赏

音乐欣赏也有感性与理性之分。多数人熟悉的是理性欣赏，即用专业知识来欣赏，拿着乐谱去听音乐会，这使得很多人觉得没有专业知识就无法欣赏音乐。这是教育上的一大误导，也是个人成长上的巨大损失。其实，人人都会欣赏音乐，无需特别学习，感性地欣赏是与生俱来的能力。感性欣赏就是向内寻求自我感受，关注心情与感动。当我们听到一首歌觉得好听，便已经在欣赏音乐了，无需任何专业知识。感性欣赏的方法非常简单：放下杂念，放松身体，敞开心扉，全身心地感受音乐。

音乐是一种表达感情的艺术，音乐欣赏的过程就是体验情感的过程。当音乐中的情感与我们产生共鸣时，我们的身心便会得到愉悦和满足。我对绘画一窍不通，但仍然喜欢去看，不懂绘画并不影响我去欣赏，不同的画作对内心有不同的触动。由于对绘画的技术技巧一窍不通，所以欣赏时自然是整体感受。常常遇到学过绘画的人高谈阔论绘画知识，品评一幅画的细节，然而学习绘画之后，他们反而只会局部理性地欣赏，而不会整体感性地欣赏了。

很多年前在朋友家中，有幸近距离聆听著名琵琶演奏家吴蛮的《小月儿高》，她的演奏让我震撼，琵琶竟然可以弹出如此丰富的音色变化。虽然声音是断续的，但无声胜有声，真有一点"于无声处听惊雷"的感觉。作为胡琴爱好者，我一直认为胡琴比弹拨乐器更能表达情感，但这一次我的观点被彻底颠覆了。这样的全新感悟时有发生，让人感叹世界之大，见识之小。吴蛮经常与马友友同台演出，并在 2013 年入选美国音乐杂志《Musical America》的最佳器乐演奏家，是第一位获此殊荣的亚洲人。后来，我又观看了她的独奏音乐会，欣赏琵琶的独特魅力，还聆听了赵季平专门为她创作的《琵琶第二协奏曲》在北美的首演。

音乐欣赏不仅仅是一种被动地接受，还是一种积极的创造性活动。将音乐表现的感情与自己的感受联系起来，有时是一幅画面，有时会勾起过去的回忆。听音乐能够培养注意力和记忆力，同时也培养想象力。欣赏音乐是一个"一生、二熟、三爱、四迷"的过程，在反复聆听的过程中，不断加深印象，得到美的滋润，同时也丰富了生活。当我们喜欢一首曲子或者歌曲时，自然会去了解相关信息，日积月累便成了爱好者。

西洋歌剧是两三百年前的意大利流行歌曲，那时台下听众可以随意走动，喧闹着吃东西，和一百多年前的京戏一样。那时欧洲还相当保守，老百姓看情杀的剧情觉得非常刺激。歌剧现今却演变成为高雅艺术，人们穿着讲究地去音乐厅听歌剧。当年的京剧老百姓不仅喜欢，还会演唱。那个时代多数人是文盲，不识字并没有妨碍他们喜欢京戏。

在 2021 年第十八届肖邦钢琴比赛中，加拿大选手刘晓禹荣获第一名。观看了比赛视频后，我不禁思考，在几百名优秀选手中，为什么只有他能脱颖而出呢？除了扎实的技术外，我认为他最大的优势在于整体感的把握。刘晓禹的演奏一气呵成，颇具新意，整体构思完整缜密。多数选手中规中矩，演奏风格单一，全无新意。个别选手虽然有创新，但变化或显突兀，或显松散，前后缺乏连贯性，整体感不佳。整体感需要超强的脑力，不但要记住近 40 分钟的钢琴协奏曲，还要对乐句和乐章之间的相互关系融会贯通。演奏时既要有变化发展，又要保持全曲的一致性、连续性与相关性。

音乐欣赏也讲究整体感。例如，听到前面部分后，我们会立刻好奇后面如何发展；听到后面部分时则会想到过渡如何，衔接是否流畅，与前面的处理是否一致。这就是用整体感欣赏音乐。经常这样欣赏音乐后，整体感如何一听便知，直觉会立刻告诉你：听着舒服的音乐，整体感一定好；听着别扭的音乐，整体感肯定不好，差别非常明显。请注意，我并不会演奏那些曲目，更不知道音符与乐谱是否一致，但这丝毫不影响我对音乐的欣赏。

多数参赛选手演奏风格单一说明什么呢？教学过于理性。少数创新选手整体感欠佳又说明什么呢？缺乏整体感的学习与训练。初学一首曲子时，需要注意演奏与乐谱是否一致；演奏时则需要注意整体表现。如果仅仅满足于和乐谱一致，那么音乐不可能好听。整体感应该是艺术的基本要素之一，作为一个爱好者的我都能听出不同来，说明即便在高雅的钢琴教育上也严重缺乏感性教育。

参加音乐活动

　　喜欢绘画的人要常去看画展，喜欢音乐的人要常去听音乐会，喜欢跳舞的人要经常去看舞蹈表演。千万不要以为会演奏乐器就算有了音乐爱好，如果从来不去听音乐会和参加音乐活动，那只是片面的兴趣。现今的音响技术发展迅速，很多人把钱花在音响设备上，而我更愿意把钱花在现场演出上，因为现场演出更有感染力，不仅声音真实，还包含许多其他内容。下面就来分享几个观看音乐演出的故事。

　　下放的时候，父亲曾给我讲过梅兰芳的一出戏，至今记忆犹新。1949 年，他在参加全国政协第一届会议期间，有幸与毛主席、周总理一起在中南海怀仁堂观看了梅兰芳的《贵妃醉酒》。那天晚上，他兴奋得一晚上没睡着。虽然事情过去了多年，但在那灰暗的土屋里，他回忆时的表情如痴如醉，这一定是他人生中的一个亮点。父亲说后来又多次看过梅兰芳的演出，但都没有那次的好，看来那次的经历一定是不枉此生。受他的影响，我也经常参加音乐活动，观看各种演出。曾经体验过一次余音绕梁的美妙，还有声音从身边经过的感觉，这与表演者、场地、观众甚至空气都有关系，是一个可遇不可求的经历。类似的经历还有很多，下面就再分享几个例子。

1979 年早春的一个晚上，在北京，我和太太第一次去听歌剧《茶花女》。李光羲饰演阿弗列德，全剧用中文演唱。两年前，广播里播出李光羲的《祝酒歌》，那时的心情无以言表终生难忘。现在，他就在眼前举杯高唱《饮酒歌》，感觉像是在做梦一样。几年前我们一些知青还因为唱《洪湖水浪打浪》惨遭批评，而现在时代变了，真的变了。

再接触声乐和歌剧已经是十多年之后的事了。工作之后，太太开始参加合唱团，因为那时孩子还小，所以我没能一起去。2002 年搬到湾区之后，我们开始一起参加合唱团，同时积极参加各种歌剧和合唱活动。2006 年10 月，我们参加了清羽合唱团的大型合唱组曲《海外游子吟》首演，非常遗憾的是错过了他们的回国演出。2007 年回到圣地亚哥后，我们继续参加华圣合唱团和阳光合唱团的活动。

2010 年 4 月，我陪同太太去比利时出差，正赶上冰岛的火山喷发，回程航班全被取消。既然回不去了，我们就决定旅游吧。我们租车一路从布鲁塞尔开到了维也纳。在维也纳，我们听了一场交响乐。那天正好赶上维也纳爱乐乐团演出贝多芬的第九交响曲，指挥是克里斯蒂安·蒂勒曼（Christian Thielemann），他擅长指挥瓦格纳作品，因此被认为居有亲纳粹的倾向，所以在美国较少见到他的演出。

我们去票房询问，得知还有最后的几张票，8 欧元一张，但是必须等到剧场关门后，自己随便找空座位坐。就这样，我们晚饭都没能出去吃，和另外六个人在两边的门口一直等到关门，然后一路小跑到空的座位上。非常幸运的是，我们的座位在第 12 排正中间。听了这么多年的音乐会，这是第一次在这么好的座位上体验世界顶级的交响乐队、指挥、合唱团和领唱，见识到了世界一流的交响乐。整场演出超级震撼，难以言表，印象极深。这里分享一个细节，通常音量变大时，所有声部混在一起，分不清层次。但这次完全不同，音量变大时，交响声音依然层次分明，可以清晰地听到不同的声部，如小提琴、大提琴、男高音、女高音等等，既有和声又有层次，非常美妙。

2013 年 11 月 13 日，洛杉矶的美国文化艺术团组团前往"七彩夕阳走进维也纳金色大厅"艺术节活动。全团共有二十七人，其中圣地亚哥有六人参加，我们有幸在金色大厅一展歌喉。这次活动是包场，晚上演出时台下坐满了来自国内的二十几个团体和评委们。许多歌曲的难度很大，大家唱得都很好，看来合唱在国内有很大的群众基础。

值得一提的是，场上没有麦克风，我们在下面听得却很清楚，再次体会到了金色大厅的音响效果。上一次是在二楼听交响乐的体验。演出后，我们在欧洲旅行了十多天，专门拜访了著名歌剧作曲家普契尼的故居。他的故乡卢卡是全欧洲保护最为完好的古城，整个小镇被城墙包围，宫殿、教堂、广场和年代久远的房屋保存完好。在米兰斯卡拉歌剧院，我们还观看了一场威尔第的歌剧《阿依达》。这是一场世界级的演出，有两百多名演员的阵容，乌克兰女高音歌唱家 Liudmyla Monastyrska 出演阿依达。她的歌声雄厚高昂，穿透力极强，大合唱时她的歌声清晰地飘在所有歌手之上，美妙至极。

2016 年，有幸听了一场威尔第的《安魂曲》。此曲用于天主教超度亡灵的弥撒，唱词的首句是"主啊，请赐予他们永恒的安息"，哀悼失去的亲人，平抚伤痛的心灵。在众多的安魂曲中，威尔第的《安魂曲》规模宏伟，气势磅礴，不仅继承了传统宗教题材的神圣性和严肃性，而且将歌剧风格融入其中。每次聆听都被其深深触动。

这次拉侯亚交响乐团和合唱团的演出在圣地亚哥州立大学一个不大的礼堂里举行。乐队有 100 人，合唱团有 250 人，礼堂里每三人当中就有一个是演员。打击乐出身的指挥和音乐指导斯蒂文·施克专门介绍说，他精心安排处理了各个声部的平衡。当合唱团的轻声歌唱与乐队的音乐交融在一起时，声音美妙无比。我这才明白他这次的特别处理。如果用 40 人的合唱团轻声歌唱，会被乐队完全压住，但是如果大声唱，又不那么优美，所以才用 250 人的合唱团。

一场好的音乐体验需要具备几个因素：乐曲、演绎、演员、场地和听众。这次的演出极其震撼，令人印象深刻。一年多前在洛杉矶聆听 300 人的《黄河大合唱》，非常振奋人心。这次的体验则完全不同，闭上眼睛，声音来自四面八方，犹如天籁之音，再好的音响设备也无法达到这种效果。这次演出得到了社区社团和个人的大力资助，其中一千美元以上的捐助就有五十多个。这部长达 80 多分钟的作品对任何乐队、指挥、合唱团来说都是巨大挑战。衷心感谢拉侯亚交响乐团和合唱团带给我们这次绝美的音乐体验。

传统音乐教学

　　父亲的传授属于传统民族音乐的教学方法，主要通过模仿来学习。杨骥云老师的传授则属于传统戏曲的教学，他的教学方法同样是感性的，首先要求学生具备良好的听觉，然后通过追求想听到的琴声来提高演奏技巧，注意力必须放在琴声上而不是动作上。杨老师从一开始就培养我聆听琴声的习惯，因为所有的要求都在琴声里，所以我必须听出声音的不同，然后找到琴声与动作的关系。如果琴声不对，就调整动作，直到听到理想的效果为止。熟练之后，听到某种琴声时，身体自然会做出反应。每一次练琴都是在聆听自己演奏的音乐，琢磨如何拉出想听到的琴声。

　　著名大提琴家马友友的故事很好地说明了这一点。小时候，他会用几种不同的方法拉琴，然后让妈妈告诉他哪一种更好听，这说明他从小就学会了聆听自己的琴声。现今的音乐教学中缺乏这类感性的教学内容。例如，胡琴教学中强调诸如看谱拉琴、指距手形等，这些是从西方引入的理性教学方法。虽然通过纠正外在动作来拉出琴声成效显著，但也存在许多弊端，譬如，指距训练的音准就没有听音训练出来的音准好听。如果有时间的话，听听马友友的演奏或许就能明白我说的意思。

识谱并不是学习音乐的唯一方法。著名男高音歌唱家帕瓦罗蒂就不识谱，另一位意大利盲人歌唱家波切利也不识谱，这丝毫不影响他们的艺术成就。识谱不是成为歌唱家的先决条件，不识谱反而使得他们记忆力好，模仿能力强。记得窦文涛有一期有关昆曲的节目，老的昆曲艺术家会 200 部戏，而他们的老师则会 600 部戏。这说明人的记忆力可以非常好，如果选择不去用的话，那么只能退化到离不开谱子。

现在的音乐教学重视识谱能力，却忽视了听音演奏的能力。看谱拉琴时，无暇顾及琴声细节，也无暇考虑与他人的配合，缺乏对模仿能力的培养，更无法演奏出细腻的情感。简单来说，音乐是活的，谱子是死的。看谱拉琴越拉越不会变通，离开谱子无所适从，更不会即兴发挥。

传统音乐教学中，培养了学生用听觉校正琴声的能力，这是演奏艺术提高的关键能力。音乐是听觉艺术，除了扎实的技术之外，还需要基础的感性教学，必须早早打下凭借听觉来拉琴的习惯。在这方面，传统音乐教学方法值得借鉴。学会聆听琴声来学习就是在提高模仿能力，而模仿能力直接反映了融会贯通的水平。模仿是学习音乐的一个好方法，需要得到重视。传统音乐教学就重视模仿，童子功就是靠模仿学习，小孩子不明白大道理，但通过模仿可以学得很好。

　　虽然现今的音乐教育中有视唱练耳的听觉学习，但是这还远远不够丰富。例如，现今二胡学生的琴声普遍缺乏二胡的味道。味道就好比人说话的口音，是由许多细微变化所构成，包括音头、音尾、滑音、转音等。如果听不出来这些细节，就无法模仿，而不会模仿也就无法拉出独特的味道。老一辈胡琴演奏家都富有个性，琴声中带有如同说话般的口音，一听就能辨别出是谁在演奏。反观现今的演奏，千篇一律，味如嚼蜡，缺乏个性，虽然在乐队里演奏问题不大，独奏时的表现就非常欠缺了。

老师的选择

老师的选择非常重要，找到一位好老师绝对是明智的投资。需要注意的是，老师也是人，不可能完美无缺，而且他们的资历参差不齐。条件允许的话，尽量选择最好的老师。我很幸运曾与许多一流的老师接触过，这里分享一下我的体会，希望能开阔大家的眼界。

好的老师在学习过程中起到关键作用。老师的教学风格可以分为理性和感性两种。通常，具有童子功的老师更偏感性，而成年后才开始学习的老师则更偏理性。真正的好老师在感性和理性两方面都很强，但这样的老师并不多，遇到的话千万不要错过。孩子通常喜欢感性的老师，因为感性学习是孩子的本能。然而，有童子功的老师是依靠感觉和模仿学习的，尽管水平很高，但通常无法清晰地讲解道理。而且，他们常常无法体会成年人的学习困难，认为一些看似简单的东西怎么就学不会呢？

成年人通常喜欢理性的老师，因为这些老师能理解成年人的学习困难，并且能清晰地讲解道理。老师的层次也不同：初级的可以指出具体问题，中级的可以指出问题的关联，高级的则可以指出克服问题所需的基本功。教学直接反映了老师的水平，是在点的层面、面的层面，还是在架构的层面。

理性的老师常有以下两个缺点：一是偏重于局部而忽略整体，二是偏重于技术技巧而忽略感觉。多数老师都是理性的，强调基本功和技术学习，这样的学习可以培养乐队演员，但很难培养出杰出的独奏演员，因为独奏的琴声中需要情感，这需要更加细腻的表现。另外，教学过于理性很难激发学生对音乐的热爱。只有当学生喜欢某个琴声时，才有可能从心底喜欢那件乐器，进而对琴声有近乎苛刻的追求，练习时才会一丝不苟。

好的老师会为学生打好感性基础，在艺术修养、视野格局、情感抒发、人生态度等诸多方面对孩子产生深远影响。前面提到过太极拳学习的金字塔原理，音乐学习同样也遵循相似的金字塔原理，感觉是最基本和最重要的基础。换而言之，好的老师强调基本功，更好的老师重视素质训练，而最好的老师则在意感觉培养。

闲谈二胡

音乐首先要好听，因为只有好听的音乐才能吸引众多的爱好者。每个人对好听的判断有所不同，通过学习和培养才能逐渐听出更多细节。当听觉提高之后，我们会发现，除了演奏技术之外，乐器也非常重要，不同乐器之间的差别巨大。非常幸运的是，我一开始就接触到了一把好京胡，因此体会到了乐器的重要性。京胡其实是一件极其简陋的乐器，琴筒是一段比较粗的竹子，琴杆是一段比较细的竹子。父亲的西皮京胡由洪广源制作，他与梅兰芳的琴师王少卿合作，共同创制出了京二胡。这把老琴是在 1950 年花了一百元购买的，这可是当年几个月的工资，足以说明父亲对乐器的重视。

对琴声的喜好每个人都有所不同，这就如同品茶品酒一样，没有统一标准。学会了品琴，拉琴的感觉就会更好。喜欢音乐的人自然会常听，听多了就会有了品位与情怀。世界著名小提琴家的介绍中通常都有一个段落专门介绍所用的小提琴，说明他们重视乐器的程度，这一点在民族乐器上还没有体现。二胡是一个受大众喜爱的乐器，随着生活水平的提高，对好琴的追求也自然提高。近年来的音乐评论中开始出现有关乐器的评价，这是一个让人欣喜的进步，说明欣赏水平提高了。

现在的年轻人虽然演奏技术大幅提高，但对于乐器的重视还是略显不足，原因是教育中忽略了对音乐欣赏水平的培养。因此，我们常常会看到专业演出中所用的乐器不尽如人意，琴声欠佳却毫无察觉。实际上，拥有一把好听的胡琴绝非易事，不同胡琴的声音千差万别。作为胡琴爱好者，从一开始我就不满意二胡的声音。京胡、板胡和高胡都比二胡音量大、音色明亮，而二胡的音量却很小，音色又很闷，高音衰减明显。二胡的琴声还常常很噪，因此必须放一块音垫在琴码下面。这就如同总是在用弱音器，极大地限制了二胡的音量和音色。

喜欢唱歌的人都知道，初学者的歌声没有穿透力，声音憋在里面出不来，但他们自己却觉得音量挺大，因为声音从口腔直接传入了耳朵。有穿透力的歌声，唱歌的人自己不会觉得声音很大，身边的人也不会觉得声音很大，因为声音通透无阻地传出去了。有趣的是，同样的现象也存在于二胡上，比赛获奖的二胡都是嗡嗡声音最大的。其实，二胡的嗡嗡琴声就是憋在琴里的声音，给人一种音量挺大的感觉。这样作为独奏乐器非常好，因为大家都喜欢这种独特的音色，但是作为合奏乐器问题就出来了。嗡嗡的琴声是分散的声音，声音不集中穿透力不可能好。在民族乐团中这个缺点尤为明显，二胡声部的声音出不来，常常被其他声部完全掩盖。退休之后，我的一项爱好就是研究如何改进二胡，使其更加适用于民族乐团的演奏。

学习器乐的好处

　　现如今，学习乐器的孩子越来越多，这是一个非常好的现象，也是生活水平提高的结果。实际上，不论是学习音乐、绘画还是体育，这些学习的心路历程对孩子今后的生活、学习和工作都会产生极其重要的影响。

　　学习乐器有很多好处，通过学习乐器，孩子们会体会到基本功的重要性，训练左右手的协调能力，演奏大曲子时锻炼记忆力，表演时锻炼专注力，演奏时可以进入心流状态，抒发情感，丰富精神生活，提高艺术鉴赏水平。音乐是一种感性艺术，学习音乐会提高孩子的感觉能力，这将会使孩子将来的生活更加丰富有趣。如果学习一件乐器并且达到独奏表演的水平，那么这对将来的学习和工作都会有着巨大帮助。孩子们会明白，成就的获得需要基本的刻苦与坚持，这样将来在其他工作中也不会差。

　　学习乐器演奏还有一个特别的好处。收到美国明尼苏达大学的研究生录取通知书后，我借钱买了一把二胡，准备随身带到美国去。那两个星期比较清闲，我晚上就在宿舍走廊尽头拉琴，那边没有灯光，比较安静。没有想到的是，我的琴声时不时会吸引人过来打招呼，毫无顾忌地打断我的演奏。期间唯独有一位同学走过来，安静地坐在旁边听我拉完。我好奇地问他为什么没有打断我的演奏，他立马明白了我的意思，回答道："我拉小提琴。"我们会心地笑了起来，因为我们都深知，打断别人演奏和打断别人讲话一样没有礼貌，尤其是打断处在心流的状态时，那会让人极度不悦。

音乐教育

自 20 世纪初以来，教育经历了翻天覆地变化，"学好数理化，走遍天下都不怕"成了教育的主流方向，音乐教育被普遍忽略。音乐爱好需要一定的经济条件，音乐欣赏能力更是长期熏陶出来的。近些年来随着生活水平的提高，音乐教育得以普及。但是，有人尖锐地指出，"音乐教育是穷孩子买不起的船票"，因为许多人将音乐教育等同于学习钢琴。宣传弹钢琴有素质是一种误导，会弹钢琴不等于爱好音乐，吹笛子、拉二胡、弹吉他、唱歌、听音乐都是爱好音乐。

有人将音乐教育视为素质教育，这一观点相当片面。现今的音乐教育是精英教育，而素质教育应该是通识教育。除去音乐之外，素质教育应该包含衣食住行的教育。比如，举止教育就是行的教育。另外，素质教育也有感性和理性之分，两方面同样重要。举例来说，在食的教育上，味觉是感性的，营养学则是理性的，既讲究味道又讲究营养才是真正的有素质。味觉在上学前就可以培养，而营养学则要在高中或大学里学。

现今的音乐教育如同体育教育和其他教育一样严重缺乏感性教育。实际上，感性教育不仅应该纳入到音乐教育当中，而且应该纳入到基础教育大纲之中。因为感性教育是最基础的，涉及生活、学习、艺术、体育、科学、技术等方方面面。总之，感性教学亟待得到专家们的重视与研究。感性教育的普及与发展将会给社会带来多个方面的进步。

作者简介

张小南

吉林省长春市人
北京大学 1977 级物理系毕业

1986 年在美国明尼苏达大学获得电子工程学博士学位；
1985 年加入 UNISYS；
1988 年加入一家存储器创业公司；
1991 年参与一家 CPU 创业公司并担任芯片设计主管；
1999 年加入英伟达，任设计经理；
2004 年加入芯原微电子，任首席技术官（CTO）；
2006 年加入高通，任设计经理，直至 2018 年退休。

www.ingramcontent.com/pod-product-compliance
Lightning Source LLC
Chambersburg PA
CBHW070912120626
46546CB00001B/231